タイ味紀行

知られざる"おいしい"を訪ねて

岡本麻里

はじめに

　タイ旅行の楽しみといえば、観光やマッサージ、ビーチ、象とのふれあい、などいろいろありますが、やっぱり「食」ははずせない！　グリーンカレーやトムヤムクン、パッタイ、マッサマンカレーなどの世界的に有名な料理はもちろんのこと、町の屋台や市場には見たことのない料理もいっぱい並んでいます。
　タイ料理の魅力はなんといっても複雑な味。甘いと思ったら酸味が口に広がり、後から唐辛子のパンチが舌にくる。ものによっては塩け、渋味、苦味もある。さわやかなものやこってりしたもの、鼻に抜けるものなど、一つひとつを食べると主張が強いのに、すべてを足すといいあんばいで混ざり合い、すべてがプラスに作用しておいしくなる。さらに歯ごたえがあるもの、やわらかいもの、もっちりしたものなどいろいろな食感も加わり、タイ料理をより奥深くしています。
　どうしたらこんな味が作れるの!?　さまざまな味やテクスチャーはいったいなんなの!?　私はタイに旅行で何度も来て、最終的にチェンマイに移住しましたが、タイ料理やタイのスイーツを食べれば食べるほど、タイの食文化に興味がわいてきました。
　来た当初は、「タイ料理=ナンプラーが味の決め手」と思っていましたが、タイ東北部と北部では淡水魚を発酵させた調味料「プラーラー」を使います。南部にはカタクチイワシの身を残したままの調味料「ナーム・ブードゥー」があることを知りました。北部には納豆や発酵したお茶を食べる文化があることもわかりました。
　砂糖にしても原料がヤシだったりサトウキビだったり。はたまたタイ料理だと思っていたものが、中国やベトナム、マレーシア、インド、ポルトガルの影響を受けていたり。シャン族やタイルー族など時代ごとにいろいろな民族も移り住んでいるので、さまざまな食文化が混ざっています。住みはじめの頃は、「タイ料理」とひとくくりにしていましたが、知れば知るほど、実にバラエティーに富んでいるのがわかりました。
　そんな奥深いタイの食文化についてできるだけ多くの人に伝えたく、改めてタイの各地を訪ねて、1冊にまとめました。次回タイを旅行する時に、本書で気になったものを実際に食べたりお土産にしたりして、楽しんでいただけたらとてもうれしいです。

Contents

- 02 はじめに
- 06 タイの各地方について
  - 07 北部
  - 08 イサーン
  - 09 中部
  - 10 南部

調味料

- 12 3羽のうさぎがおいしさの目印［ナンプラー］
- 14 2年間壺で天日熟成させる伝統製法［ナンプラー］
- 16 タイ料理に欠かせないうまみのもと［ガピ］
  - 18 ナンプラーを味わう料理
  - 19 ガピを味わう料理
- 20 独特の風味、イサーンの発酵調味料［プラーラー］
- 22 南部の発酵調味料は塩と魚100%［ナーム・ブードゥー］
- 24 土から塩がざっくざく!?［塩］
- 26 塩田に咲く塩の花［塩］
- 28 菩提樹が眠る幾千年の塩井戸［塩］
- 30 108年間受け継がれる伝統の味［醤油］
- 32 水車でゆっくりじっくり黒ごまを搾る［ごま油］

各地のごはん

- 36 煙の町、ウィチアンブリー［ガイ・ヤーン］
- 38 絶品チキンは洗面器で焼く!?［ガイ・ヤーン］
- 40 赤い鶏はマレーシアの味［ガイ・コーレッ］
- 42 南部のヘルシーなご飯サラダ［カーオ・ヤム］
- 44 タイに帰化した!? ベトナム料理
  ［ネーム・ヌアンほか］
- 46 ゆでたてぷりっぷりの生麺［カノムジーン］
  - 50 Column 麺の器といえばニワトリ柄
- 52 もっちりもち米で包んだ焼き鳥
  ［ピン・ガイ・カーオブア］
- 54 暑い夏にはひんやり冷やしご飯
  ［カーオ・チェー］
- 56 タイで鶏のから揚げといえば!
  ［ガイトード・ハートヤイ］
- 58 まるで中国にいるみたい［中国の料理］

この本の見方

น้ำปลา
ナンプラー
中部／トラート

地域名／県名

取り上げている主な
食材や料理などの名称

タイ語
日本語

アイコンは、その食材や
料理が主にどこで食べら
れるかを示しています。

- レストラン
- 食堂
- 専門店
- 屋台
- 持ち帰り

食材

- 62 甘ずっぱーいタイの味［タマリンド］
- 64 ジヤンさんの甘いタマリンドの木［タマリンド］
- 66 北タイでも食べられている納豆［トゥアナオ］
- 68 タイのアンチョビ!? は強烈な香り［プラー・ケム］
  - 70 トゥアナオを味わう料理
  - 71 プラー・ケムを味わう料理
- 72 元祖塩卵は白アリの巣が美味の秘訣［カイケム］
- 74 プラソンおばさんの塩卵［カイケム］
  - 76 カイケムを味わう料理
- 78 やみつきになるすっぱい発酵豚肉［ネーム］
  - 80 ネームを味わう料理

甘いものと飲みもの

- 82 オウギヤシから作る極上の砂糖［ヤシ砂糖］
- 84 いろいろな食べ方で楽しむオウギヤシ［トンターン］
- 86 鮮やかな色と香りのもっちりスイーツ［カノム・ターン］
- 88 ポルトガルから伝わったタイ・スイーツ［カノム・ピンほか］
- 90 1つのココナツで3つの味［ココナツ］
- 92 シルクの糸を食べちゃう!?［ロティ・サーイマイ］
- 94 お土産に最適、フルーティーで甘〜いはちみつ［ナームプン］
- 98 色と香りの世界［バイトゥーイ、アンチャンなど］
- 100 香りの良いタイ産の一杯［コーヒー］
- 102 次にくるのはカカオブーム!?［カカオ］
- 104 甘〜い香りの「森の宝石」［バニラ］
- 106 「食べる」発酵茶［ミヤン］

祭りと行事のごはん

- 110 お菓子を先祖とお化けに供える!?［マラップと5つのお菓子］
- 114 大量のちまきが空を飛ぶ［カーオトム］
- 116 スパイシーな生肉、いただきます！［ラープ］
- 118 お供えは竹香るみずみずしい新米［カーオラーム］
- 120 水牛で村人の安全と健康を祈る［水牛の肉］
  - 122 **Column** 肌にひんや〜り白い粉

- 124 おわりに

タイの各地方について

タイはマレーシア、ラオス、ミャンマー、カンボジアと国境を接する。77の県があり、4〜6地域に分けられる。分け方によって多少入る県が変わってくるが、本書では、北部、イサーン（東北部）、中部、南部の4地方に分けている。

北部 ▶▶P.7
イサーン ▶▶P.8
中部 ▶▶P.9
南部 ▶▶P.10

★バンコク

ラオス
ミャンマー
カンボジア
ベトナム
アンダマン海
タイ湾
マレーシア

タイ概要

面積	51万3000㎢（日本の1.4倍）
人口	約6600万人（2024年5月）
民族	タイ民族のほか、クメール系、マレー系、ミャンマー系、中国系、インド系、モーン族、カレン族、モン族など
言語	タイ語
通貨	バーツ
宗教	国民の92.5％が仏教、そのほかイスラム教、キリスト教など（2021年）
季節	乾季と雨季、そして乾季は夏と冬に分けられるので、大きく分けて3つの季節がある。夏（乾季）はほとんど雨が降らず、一番暑い3、4月は40℃を超える日もある。ときどき夏の嵐が吹く。5月頃から雨が降りはじめ雨季に入り、8、9月は特に雨量が多い。10月に雨季が明けると、北部やイサーンは気温が下がり、冬に入ると15℃をきることも。南部は12月頃まで雨が続く。雨季といっても一日中雨が降ることは少なく、数時間だけということが多い。観光のベストシーズンは、雨が降らず比較的涼しい冬。

・夏（乾季）——— 2月中旬〜5月中旬
・雨季 ——— 5月中旬〜10月中旬
・冬（乾季）——— 10月中旬〜2月中旬

北部

17の県から成る。山がちな土地であり、タイ最高峰のドイインタノン山（2,565m）はチェンマイにある。ラオス、ミャンマーと国境を接していて、13～18世紀ごろ、タイ北部から中国雲南省、ラオス西部、ミャンマー東部にわたる一帯にラーンナー王国があったため、今でもバンコクより近隣諸国との共通点が多い。北部の中でも上部はより北部独自色が強い。かたや下部は中部やイサーンと接しているため、上部より北部色が薄くなる。

その昔に移住してきたシャン族やタイルー族、雲南からのイスラム教徒の中国人、中国国民党、山岳民族（カレン族、モン族、リス族、ラフ族など。現在は平地でタイ人同様に暮らしている人も多い）など、さまざまな民族が暮らしている。

◎主な都市
チェンマイ、チェンライ、スコータイなど

◎料理の特徴
・ココナツミルクや砂糖をほとんど使わない、塩味がきいて辛めの素朴な料理が多い
・主食は長粒種のもち米

◎代表的な料理

ไส้อั่ว
サイウア

コブミカンの葉やレモングラスなどさまざまなハーブの香りがさわやかな、ピリッと辛いソーセージ。

แกงฮังเล
ゲーン・ハンレー

豚の三枚肉をマサラ粉でとろとろになるまで煮込んだ料理。生姜やにんにくも入っている。

น้ำพริกหนุ่ม
ナムプリック・ヌム

青唐辛子、にんにく、ホームデーン（小赤玉ねぎ）を焼いて作ったディップ。野菜や揚げ豚皮、もち米につけて食べる。

7

イサーン

タイの東北部。通称「イサーン」と呼ばれている。20の県から成る。ラオス、カンボジアと国境を接していて、ベトナムも近いことから、かつてそれらの国から移住してきた人も多い。地方としては最大の面積で、メコン川とラオスに接している北イサーンと南イサーンに分けられる。北イサーンはラオス、南イサーンはカンボジアのクメールの影響を受けていて、南イサーンにはクメール遺跡も多く残っている。

昔から、この地域からバンコクに働きに行く人も多かったため、バンコクにイサーン料理店が多く、イサーン料理は国内でも広く知られている。

◎主な都市
ナコーンラーチャシーマー、コーンケーン、ウドンターニーなど

◎料理の特徴
・ココナツミルクや砂糖をほとんど使わない、塩味がきいて辛めの素朴な料理が多い
・調味料としてプラーラーをよく使う
・主食は長粒種のもち米

◎代表的な料理

ไก่ย่าง
ガイ・ヤーン

P.36, 38などでも紹介したBBQチキン。専門店では秘伝のたれにつけこんだ鶏肉を炭火でじっくり焼いている。

ส้มตำ
ソムタム

青パパイヤのサラダ。細切りにした青パパイヤを、調味料や干しえび、トマトなどと一緒に臼に入れ、叩いて作る。

中部

　アユタヤ王朝、トンブリー王朝、現チャクリー王朝が栄え、経済や政治の中心となる最大都市バンコクを擁する地域。26の県で成り、地域を4つではなく6つに分けた際の「西部」と「東部」もこの地域に入る。西部はミャンマーと、東部はカンボジアと、それぞれ国境を接している。東部はドリアンやマンゴスチンなど果物の名産地。西部は山脈があるが、ほとんどは低地が広がる。

　日本でもよく知られている「いわゆるタイ料理」で有名なものはだいたい中部の料理。盛りつけの色あいや一皿の中での食感が多彩で豊か。宮廷料理のように手の込んだ料理もあり、野菜のカービングなどもこの地域の文化である。

◎ **主な都市**
バンコク、アユタヤ、パタヤなど

◎ **料理の特徴**
- 「甘くて辛くてすっぱい」味の組み合わせが絶妙
- ハーブをふんだんに使う
- ココナツミルクを使う
- 主食は長粒種のうるち米

◎ **代表的な料理**

แกงเขียวหวาน
ゲーン・キヤオ・ワーン

青唐辛子をベースにしたココナツミルクのグリーンカレー。緑の中小2種類のなすが入っている。鶏肉が主流。

ต้มยำกุ้ง
トムヤムクン

レモングラスやライム、コブミカンの葉、唐辛子などが入った酸味と辛味のあるスープ。えびが主流。

ผัดไทย
パッタイ

タマリンドやヤシ砂糖などで甘ずっぱく炒めた麺料理。豆腐、干しえび、切り干し大根などが入っている。

南部

細長い陸の両側が海で、西はアンダマン海、東はタイ湾に面している。プーケットやサムイ、クラビーなどのビーチが有名。14の県から成り、ソンクラー県のハートヤイ（ハジャイ）が経済の中心地。マレーシアと国境を接していて、料理にもマレー文化の影響を受けたものがあるほか、南端4県［※］ではマレー語も話されている。甘みや辛さなどがはっきりした味で全国的に人気があり、タイ全土に南部料理店は多い。イスラム教徒が大半を占めるため、ハラル料理の店も多い。

※パタニー、ナラティワート、ヤラー、ソンクラーの一部。分離独立を標榜するイスラム武装勢力による襲撃・爆発事件がときどきある。危険レベル2〜3（外務省海外安全ページ）。

◎主な都市
ハジャイ、プーケットなど

◎料理の特徴
・海が近いため、新鮮な海産物が豊富
・ターメリックやスパイス、ココナツミルクをよく使う
・がつんと辛い料理が多い

◎代表的な料理

แกงเหลือง
ゲーン・ルアン

タマリンドで酸味をつけたすっぱくて辛いスープ。魚、パイナップルやパパイヤ、はすの茎などを入れる。

คั่วกลิ้งหมู
クアグリン

ペースト状にしたさまざまなハーブと唐辛子と豚ひき肉を炒めた料理。ハーブの香りがさわやかで激辛。

แกงมัสมั่น
ゲーン・マッサマン

ナツメグやクミンなどのスパイスが入ったカレー。具は鶏肉や牛肉、じゃがいもなど。辛くない。

調味料

น้ำปลา
ナンプラー

中部／トラート

3羽のうさぎがおいしさの目印

　タイを代表する調味料といえば、なんといってもナンプラー。スーパーへ行けば、いろいろなメーカーのナンプラーが売られている。いかや魚、いせえび、牡蠣などのイラスト入りパッケージはおなじみだ。ちなみにナンプラーの原料は主にカタクチイワシ。イラストの素材が入っているわけではない。

　大手のメーカー以外にも、地方に行けばその地で生産している地元の人が愛用するナンプラーがたくさんある。特に海に面している県ではナンプラー作りが盛んで、カンボジアと国境を接するトラート県には地元のナンプラーブランドが3つある。

　そのひとつが「サーム・グラターイ」。「3羽のうさぎ」という意味で、うさぎが月を見ている絵がボトルに描かれている。1982年にトラート県のクート島で漁師をしていたグンウィット・クルアローイさんがはじめたブランドだ。

　グンウィットさんは、もともと獲ってきた魚を大手のナンプラー会社に卸したり、市場で売ったりしていたが、ある日「もし、会社が魚を買い取らなかったり、嵐が来て船が島に魚を獲りに来られなかったら、大量の魚を腐らせてしまうことになる……」と不安に駆られた。そこでふと「自分たちでもナンプラーを作ってみたらどうか」と思ったことがはじまりだ。ナンプラーに最適なカタクチイワシを多く獲っていたことも後押しした。

　ナンプラーは、カタクチイワシに塩をまぶして12か月ほどつけたあと、塩水と砂糖で味を調整し濾して作られる。たいていどのメーカーでも作り方はほぼ同じ。グンウィットさんも知り合いの漁師や大手ナンプラー会社から作り方を学んだ。まぶす塩が足りなくて魚を腐らせてしまった、などの失敗もあったが、試行錯誤ののち製品にすることに成功。以来、良質な素材を使い、ていねいに手間ひまかけて作り続けている。

　グンウィットさんの作るナンプラーはほどよい塩味と甘み、良い香りで定評があり、宣伝はしていないがどんどん口コミで広がっている。現在はクート島からトラート市内に工場を移し、近隣の県やカンボジアをメインに販売している。全国の大きなスーパーやセレクトショップで買うことができる。

うさぎが3羽のラベルは一番搾りのナンプラー、1羽のものは二番搾りナンプラー。

3代目経営者のトッサポンさん。

ナンプラーを貯蔵するタンク。

13

น้ำปลา
ナンプラー 🛍️
北部／スコータイ

2年間壺で天日熟成させる伝統製法

　ナンプラーといえばカタクチイワシで作るものが主流だが、実は内陸部でも淡水魚を使ってナンプラーを生産しているところがある。

　スコータイ県のゴングライラート市ターチャヌアン町に住むデッドドゥアン・ジンダーフアンさんは、祖母からレシピを聞き、仲間と一緒に試行錯誤して昔ながらのナンプラーを再現するのに成功した。ナンプラーは工場で生産するところがほとんどだが、デッドドゥアンさんのグループは壺を使い、太陽で熟成させるという伝統的な方法で作っている。

　使うのはスコータイ県のヨム川で獲れるコイ科の魚プラーソーイ。15cmほどの大きいものを使うのがおいしさの秘訣だという。魚が獲れるのが11月頃なので、ナンプラーはその時期に仕込む。

　作り方は、まず魚を洗い、塩と混ぜて壺に入れる。壺は庭に置き、太陽にあてながら少しずつ発酵させていく。3か月ほどしたらふたを開け、乾燥させたにんにくとホームデーン（小赤玉ねぎ）の芽、パイナップルの皮を加えて混ぜ、また天日にあてる。火にかけて加熱すれば早くできるが、デッドドゥアンさんたちは太陽の熱のみの伝統的な製法で作っているので、仕上がるまでに2年かかる。じっくり時間をかけると、じわじわと魚からうまみエキスが出てくるのだ。

　2年近く経つと魚の身が分解されて液状になるので、それを濾し、瓶に入れて再度天日干しする。煮沸消毒のようなものだ。それをもう一度濾せば非加熱の熟成ナンプラーのできあがり。きれいなあめ色をしていて、しょっぱさの中にもコクと甘みがあるのが特徴だ。

　壺の中にはまだ濾した後の魚のかすが残っているので、これに水を足してさらにねかせ、加熱すればまたナンプラーができる。ただ品質や仕上がりは変わり、前述のものを一番搾りナンプラーとすれば、これはさしずめ二番搾りナンプラーというところだろうか。値段が手頃なので、食堂や屋台などを営む人には需要があるという。とはいえ一番搾りナンプラーでも大瓶（750ml）が150バーツ以下。せっかくなので自分用にはぜひそちらを買いたい。品ぞろえ豊富なスーパーやセレクトショップで売っている。

2年間壺の中で熟成させたナンプラーの上澄みは透き通っている。

敷地にずらりと並んだ壺とデッドドゥアンさん。

プラーソーイと塩をつけたもの。

左の2本が2年熟成の一番搾り、右の2本は二番搾り。

กะปิ

ガピ

中部／トラート

タイ料理に欠かせないうまみのもと

　タイの食には不可欠な調味料に「ガピ」がある。グリーンカレーやレッドカレーなどのペーストにも必ず入っているものだ。内陸部で淡水の小えびを使って作るものと、沿岸部でクーイ（オキアミ）を原料とするものとがある。後者は「ガピ・クーイ」や「クーイ」と区別して地元の人は呼んでいる。

　海沿いのトラート県でガピを作っている漁師トーンロー・ウォラチャットさんによると、オキアミが獲れるのは8〜10月頃。オキアミがどこにいるかは海水の色で判断する。海面近くで群れになっていると水面が赤くなり、少し深いところにいるとワインレッド、もっと深いところなら黒っぽくなるのだという。

　獲ってきたオキアミは、奥さんのマリさんがガピにする。オキアミに対し約10％の塩を混ぜ、ひと晩おいてから天日干しにする。晴れた日だったら1日でいい。乾いたオキアミを手で握り、開いた時にパラリと落ちればちょうど良く、パラパラとすぐ落ちてしまうと乾きすぎ。かたまりになるようだったらまだ湿っている状態なのだとか。

　それを機械で細かく挽き、さらに臼でつぶしながらひとつにまとめ、樽に詰めたらできあがり。作ってすぐ食べられるが、熟成させると味がなじんでうまみが出てくる。塩でつけてあるので常温で3年はもつが、風味や甘みは少しずつ落ちるので1〜2年で食べきるのがいいそうだ。

　余談だが、ガピを樽でつけていると、少しずつ赤茶色の液がにじみ出てくる。これが最高においしい！　オキアミのうまみ成分が凝縮されていて、甘みがあり、そのまま野菜につけて食べるだけでごちそうになるほど。もっともこれは量が少なすぎて商品にはなっていない。お土産に買うのはガピにしよう。

　ガピはスーパーや市場で手に入るが、既製品の中には添加物や着色料を加えているものもある。もし海沿いの町に行くなら、市場の量り売りや容器に入った手作りのガピが断然おすすめ。既製品との味の違いにびっくりするはず。

　買ってきたガピは、バナナの葉やアルミホイルに包み、トースターや炭火、フライパンなどで加熱してから使う。こうすることで香りが出る。カレーや炒めもの、コクを出したい料理に加えるといい。

2人の作るブランド、
ガピ・メーマリ。

子どもの頃から70年近くガピを作っているトーンローさんとマリさん。

ガピから出てくる液体はうまみが凝縮されていて絶品！

えびペーストやえび味噌とも訳されるガピ。マンゴーなどの果物につけて食べることも。

ナンプラーを味わう料理 🍽🥣

(P.12,14)

ปีกไก่ทอดน้ำปลา
ピーク・ガイ・トード・ナンプラー

ナンプラーにつけたピーク・ガイ（鶏の手羽）を揚げたもの。シンプルだけどナンプラーの塩とうまみが止まらないおいしさ。

ปลาทอดน้ำปลา
プラー・トード・ナンプラー

ナンプラーとヤシ砂糖で作ったソースを揚げた魚にかけた料理。ほんのり甘くて塩けがある。

น้ำปลาหวาน
ナンプラー・ワーン

ナンプラーにヤシ砂糖、干しえび、ガピ、唐辛子などを混ぜた甘辛いたれを青マンゴーにつけて食べる一皿。瓶入りの既製品も。

ガピを味わう料理 🍽️👍
(P.16)

ข้าวคลุกกะปิ
カーオ・クルック・ガピ

ガピとにんにくで炒めたご飯を、青マンゴーや甘く煮た豚肉、錦糸卵、ホームデーン（小赤玉ねぎ）などと混ぜて食べる。いろいろな味と食感が楽しい。

หมูผัดกะปิ
ムー・パット・ガピ

豚肉をガピと炒めた料理。えびやいかなど違う食材で作ることも。ガピのうまみがからみ合う一品。

น้ำพริกกะปิ
ナムプリック・ガピ

ガピ、ライム、唐辛子、にんにく、干しえびなどを石臼でつぶして混ぜたディップ。野菜や魚と食べる。ガピがガツンと香る。

19

ปลาร้า

プラーラー 🛍
イサーン

独特の風味、イサーンの発酵調味料

　タイ料理にナンプラーは不可欠だが、タイ東北部イサーン地方の台所になくてはならないのがプラーラーだ。北部でも使うが、プラーラーというとイサーンのものが有名で、地元では「プラーデーク」と呼んでいる。イサーンでは6000年前のプラーラーの化石が見つかっていて、その歴史はとても深いといえる。昔から魚が多く獲れた時に、調味料として、また保存食として作られていたのだ。

　プラーラーはナンプラーのように魚を塩でつけた調味料だが、内陸部のイサーンで使うのは淡水魚。一年中いつでも作れるが、雨季が終わり、川や運河、小川の水が減った乾季が魚を捕まえやすくていいという。小魚でも大きい魚でも魚のサイズは問わない。

　作り方は、魚のサイズや人によって多少変わるが、まずウロコと内臓を取った魚を洗って塩をまぶす。壺などに入れて数日〜数週間おくと魚から水が出てくるのでそれを捨て、新たに塩とさらにぬかを混ぜる。その後、容器に入れてふたをしっかりと閉め、最低2、3か月おいておく。魚がほぐれてやわらかくなり、液体が黒っぽい茶色になれば食べ頃だ。イサーンではまだまだ家庭で作ることが多く、手前味噌のように自分で作ったものがいちばんおいしいとか！

　これを調味料として、スープや野菜ディップ、ソムタム（パパイヤサラダ）、あえものなど何にでも入れる。雷魚など大きな魚で作ったプラーラーは魚の身の形が残っているので、素揚げにして食べることもある。

　プラーラーは独特の淡水魚くささがあり、実はタイ人でもプラーラーを食べる文化がないバンコクやその周辺には苦手な人も多い。国民食ともいえるソムタムも、イサーンや北部だとプラーラー入りが人気だが、バンコクあたりではプラーラーが入らない甘ずっぱいものが好まれる。料理にコクと塩味を加えてくれる、イサーン料理には欠かせない調味料。納豆のように好き嫌いが分かれるが、一度好きになるとまた食べたくなる味かもしれない。

　イサーンや北部の市場では量り売りを、全国のスーパーではボトル入りの商品を買うことができる。粉末のものも出回っているので、スーツケースの中で割れるのが心配な人はそちらが便利。

市場で量り売りされているプラーラー。

発酵途中(2か月)のもの。魚の形が残っている。

雷魚やナマズなどの大きい魚で作ったプラーラー、小魚で作ったプラーラーなど好みで選べる。

21

ナーム・ブードゥー

南部／ナラティワート、パタニー

南部の発酵調味料は塩と魚100％

　魚を発酵させた調味料にはナンプラーやプラーラー（P.20）があるが、南部には「ナーム・ブードゥー」がある。ナラティワート県のバーケッ町やパタニー県のサイブリー郡が特に有名だ。カタクチイワシから作るところなどナンプラーとよく似ているが、ナーム・ブードゥーは発酵させた後、濾さずに使うのが特徴だ。

　カタクチイワシを丸ごと塩と一緒に壺に入れ、太陽の下で熟成させるだけ、と作り方はいたって簡単。少しずつ魚が分解されて液状になり、8か月ほどで食べられるようになる。長くおいたほうが、より香りが良くなるそうだ。

　ひとつの壺から3種類のナーム・ブードゥーを採ることができるのも、ナンプラーとは違う特徴だ。キャラメル色をした上澄みの透明な部分は「ナーム・サイ」、下のほうで魚が沈殿している濃い液体が「ナーム・コン」、そして壺の真ん中あたりの、上下がブレンドされた液体が「ナーム・グラーン」。ナーム・サイは一見ナンプラーのようで、ナーム・コンは魚の身の破片のようなものがたくさん入っている。どれを使うかは好みだというが、濃厚な味が好きな人はナーム・コン、くせがないほうがいい人はナーム・サイがおすすめだ。値段的にはナーム・サイが一番高い（といっても500mlほどで80バーツ程度）。

　味はというと、もちろんしょっぱいのだが甘みを感じられるしょっぱさ。なによりもうまみがすごい！　それもそのはず、塩と魚100％なのだから！　通常、ナンプラーには砂糖や塩水が加えられているので、ナーム・ブードゥーの純度の高さは一級品といえる。無添加のナンプラーとして代用してもいいだろう。ただし、ナンプラーより少し発酵くささがある。お土産用やスーパーなどで売っているものの中には、化学調味料などで風味を加えているものもあるが、せっかくなら無添加のものを選びたい。

　ナーム・ブードゥーは肉や魚をつけてタイカレーにしたり、カーオ・ヤム（P.42）のたれに使ったりする。塩を使うよりまろやかな味に仕上がる。地元の人によると、シンプルに唐辛子とライム果汁を混ぜて白いご飯につけて食べるだけでもおいしいとか。

上澄みは透き通っているが、混ぜると魚の沈殿物が浮いてくる。

左から、上澄みのナーム・サイ(น้ำใส)、中間のナーム・グラーン(น้ำกลาง)、濃いナーム・コン(น้ำข้น)。

เกลือ

グルア[塩]
イサーン／ヤソトーン

土から塩がざっくざく!?

　タイには「陸の塩（グルア・シンタオ）」と「海の塩（グルア・タレー）」がある。北部やイサーンには「陸の塩」が採れるところがたくさんあり、特にイサーンでは3000年以上前から塩作りが行われていたとされる。現在でも乾季になるとノーンカーイ県やウドンターニー県、ロイエット県などで塩を採っている。

　塩の採り方は地域によってさまざまだが、おもしろいのがヤソトーン県のノーンタオ村。一見、ただの荒野なのだが、なんと塩が採れるのだ。その面積はなんと64ライ（102,400㎡）！　見渡す限りの荒野が、実は塩の宝庫なのだ。

　村の人によると、ここの土壌には塩分が多く含まれているうえ、雨季は洪水が頻繁に起こるので作物がほとんど育たないという。その代わり塩が採れるので、乾季の1月から5月まで、この地の人たちは塩を作って副収入を得ている。稲刈りが終わり、田植えまで時間があるのでちょうどいいそうだ。

　とはいえ、3、4月はタイの酷暑期。日中ともなると日差しが肌を刺すほどで、まるで砂漠にいるかのよう。さすがに暑さが厳しい時間帯は、少ない木陰で塩水を煮詰める火の番人の姿が見られる程度。だが、涼しい時間帯になると村人が出てきて、あちこちで硬い地面を小さなクワでカリカリと削りはじめる。そしてそれを集めると、木をくりぬいた容器に水と一緒に入れて、足で踏みながら水と混ぜる。ひと晩おくと塩分が溶けだし、下のバケツに塩水がたまる。塩水はパスタをゆでるくらいの濃度で、飲もうと思えば飲める濃さだ。それを鍋で煮詰めて塩を作る。いわれないと工事現場かと見間違える光景だが、これが昔から代々伝わる伝統的な方法なのだ。

　地面をよく見ると確かに白っぽいところがある。そしてなめてみると、なるほどしょっぱい！　でも、素材は無料だとはいえ、それを少しずつ集めて、水を入れて土と分け、煮て……と、その手間、しかも灼熱の太陽＋たき火の熱を考えると、イサーンの人の勤勉さに脱帽する。

　この塩は料理にも使うが、イサーン料理の味の決め手となるプラーラー（P.20）作りにも欠かせない。イサーンの塩で作ると腐ることがないうえに、香り良く仕上がるそうだ。

ノーンタオ村の塩の作り方

1 地面の表面をクワで削る。

2 削った土を集める。

3 土には塩が混ざっている。

4 足で踏みながら水と混ぜる。ひと晩おくと塩分が溶けだし、下のバケツに塩水がたまる。

5 鍋でぐつぐつ煮ると水面に塩の結晶ができる。

6 ザルにあげれば塩のできあがり。

เกลือ
グルア[塩]

中部／サムットサーコーン、サムットソンクラーム、ペッチャブリー

塩田に咲く塩の花

　バンコクから南へ1時間ほど行くとそこはもう海。海産物も豊富だが、塩の生産地でもある。タイで海塩が採れる県は、サムットサーコーン県、サムットソンクラーム県、ペッチャブリー県、チョンブリー県、チャンタブリー県、チャチューンサオ県、パタニー県の7県。特に盛んなのが、バンコクに近いサムットサーコーンとサムットソンクラーム、ペッチャブリーで、海岸線を車で走るとひたすら塩田が続く。水が張ってあるので、遠目には水田にしか見えないが、実はすべて塩田なのだ。

　塩を作るには「水」「土」「火」「風」4つの要素が重要といわれる。「水」はもちろん海水。「土」は海水をためておける土壌。「火」と「風」は水分を乾燥・蒸発させる太陽の熱と風のこと。これらがそろっておいしい塩になるそうだ。塩を採るのは、乾季の12〜5月頃。この時期はほとんど雨が降らないので天日塩を作るのに最適で、太陽の恵みを100％受けた自然の塩ができる。加熱する製法とは違い、自然にゆっくりと結晶化していくので、ミネラルを多く含むといわれている。

　塩田は12ほどのブロックに分かれている。海水を引き入れる田、数日太陽にあてる田、さらに数日蒸発させる田などに区分けし、調整しながら海水を流していく。気温によるが10〜13日ほどで結晶ができ、塩が採れる。特に1年でいちばん暑い4月は乾燥が早く、生産量も多い。

　できあがった塩は粒のサイズや形でいくつかの種類に分けられ、塩田の近くや幹線道路沿いの屋台で販売される。中でも良質なのは「塩の花（ドーク・グルア）」と呼ばれるもの。海水が蒸発し、濃縮されてくると塩の成分が結晶化してくるが、この時、海水の表面にできるのが塩の花だ。それをすくって乾燥させる。甘みがあるので料理に最適だ。

　さらに、それらが沈んで結晶したものをトンボのような道具でかき集めたものが普通の塩となる。結晶のほとんどは米粒ほどの大きさだが、自然に形成されるのでいろいろな形やサイズのものができあがる。特にとがっていて2cmほどの長さのものは「男性の塩（グルア・トゥアプー）」と呼ばれ、伝統医療においてハーブを使った薬を作る際や治療の場面に使われているそうだ。

上・サムットサーコーン県の塩田。トンボのような道具で塩を集める。／左・塩の花は1袋35バーツほどで売られている。

薬を作る時などに使う、とがった形の「男性の塩」。

เกลือ
グルア[塩]
北部／ナーン、ピッサヌローク

菩提樹が眠る幾千年の塩井戸

　バンコクの南の海岸沿いでは塩作りが盛んだが、実は山の中にも塩が採れるところが何か所かある。その中でも観光地として有名なのが、北部ナーン県のボーグルア村。現在は山岳部だが、大昔は海だったところだ。村名の「ボー」とはタイ語で「井戸」、「グルア」は「塩」。その名のとおり、ここには塩水が湧き出る井戸があるのだ。

　ある日、狩猟で森に入った狩人が、動物が特定の場所で好んで水を飲んでいたのを不思議に思い、その水をなめてみたら、なんとしょっぱかった！　ということでここの塩井戸は発見された。ラーンナー王朝[※1]時代には、山で塩が採れるということで貴重な資源とされ、塩井戸を奪い合うこともあったという。

　現在、この村には塩井戸が2か所あり、そこから住民が塩水をくみ上げ、それぞれが自分の窯で塩を作っている。店番をしていたおばあさんによると、「生まれた時からある。もうずっと昔、おじいちゃんやおばあちゃん、そのもっと前から作っているよ。製法も昔から変わらない」と教えてくれた。井戸から塩水をくみ上げ、それを少し沈殿させてゴミを取り、鍋で煮ること約4時間。粗いザルにあげて水けをきればできあがり。交代で火の番をしながら24時間ずっと煮るそうだ。それを雨季が明けるオークパンサー（出安居・10月頃）から雨季に入るカーオパンサー（入安居・7月頃）まで火を消すことなく作り続け、雨季の間はお休みする。

　また、ピッサヌローク県ナコンタイ郡ポー地区には「ボーグルア・パンピー（幾千年の塩井戸）」と呼ばれる塩井戸があり、お釈迦様が誕生する前からあると信じられている。その昔、ロケット祭り[※2]の時、ピッサヌロークのフィア川に菩提樹で作ったロケットが落ち、その地中からこんこんと塩水が湧き出たという伝説がある。今でも菩提樹の木が井戸の中にあり、毎年12月には井戸を開く儀式が行われる。雨季の間は周囲一帯が洪水に沈んでしまうので、塩を作るのは乾季の間だけ。井戸の敷地には土地と井戸を守る精霊と大蛇神様（パヤーナーク）が住んでいると信じられているので、井戸を見学する際は靴を脱ぐこと。

[※1]ラーンナー王朝（1292〜1775）。シーサンバンナ（中国）、チェントゥン（ビルマ）、ルアンパバン（ラオス）、タイ北部にまたがっていた王国。
[※2]ジュット・バンファイ。雨乞いと豊作祈願の祭りで、竹などに火薬を詰めて打ち上げる。

ナーン県のボーグルア村で塩を作るおばあさん。

ピッサヌローク県にひっそりとあるボーグルア・バンピー。深さは12m。

29

シーイウ[醬油]

中部／バンコク

108年間受け継がれる伝統の味

　タイ料理の味つけといえばナンプラーが代表的だが、ガピ（P.16）やプラーラー（P.20）などもよく使われる。料理によっては、これらだとくせが強すぎるので、醬油をメインにすることもある。特に中国系のタイ料理に醬油は欠かせない。ベジタリアン・フェスティバル[※]が行われるベジタリアン週間の菜食料理では、味の決め手となる重要な調味料だ。

　タイの醬油には大きく分けて、「シーイウ・カーオ」と「シーイウ・ワーン」の2種類ある。前者は日本の醬油よりさっぱり、薄口醬油のような味。後者は黒糖が入っていて、黒蜜と醬油を混ぜたような甘じょっぱい味だ。これは料理のたれや色やコクをつける時に使う。

　醬油は中国から伝わったといわれているが、バンコクのバーンコークヤイ地区にハオヨンセン醸造所を作ったのも中国から移住してきた中国人だ。現在、4代目のサハラット・ガモンサクダーウィクンさんが受け継ぎ、今でも曽祖父が108年前に創業した時のレシピで、シーイウ・カーオとシーイウ・ワーン、さらに味噌ソースのようなタオジヤオを作っている。

　チャオプラヤー川支流に面した醸造所は看板と門が川を向いていて、当初は道路がなく、舟が交通手段だったことがうかがえる。門をくぐると、こぢんまりした庭に大きな壺が並んでいて、独特の発酵臭が漂っている。ハオヨンセン醸造所では今でも手作業で醬油を作っていて、大豆を日光にあてて発酵させているのだ。作り方は6時間蒸した大豆に麹菌をまぶし、ザルで2か月ねかす。その後、塩と混ぜて壺に入れ、天日にあてて3か月ほど熟成。液体が出てきたら、それを薪の火で12時間煮て味をととのえ、濾せばできあがりだ。使う材料は、大豆と塩、麹のみといたってシンプルで、作り方もわかりやすい。ただ、すべての工程において塩加減、火加減、熟成加減などが味を左右するので、長年の経験だけが頼りだとサハラットさんはいう。

　現在、川沿いにカフェを建設中で、5代目の娘さんが醬油を使った料理をメインにした店としてオープンさせる予定だ。若いアイデアを取り入れながら、伝統の味は次の世代へと着実に受け継がれている。

［※］中国陰暦10月1～9日に行われる祭り。この期間は菜食をし、さまざまな儀式が行われる。カレンダー上の日付は毎年変わるが9～10月頃。

日光にあてて大豆を発酵させる。

サハラットさん。麹菌をまぶした大豆をねかせている部屋にて。

ハオヨンセン醸造所（Hau Yong Seng โรงงานซีอิ๊ว เฮ้าย่งเซ้ง）のすぐ前は川。

左からシーイウ・ワーンの二番搾り、一番搾り、シーイウ・カーオの二番搾り、一番搾り。

31

น้ำมันงา
ナームマン・ンガー[ごま油]
北部／メーホンソーン

水車でゆっくりじっくり黒ごまを搾る

　ミャンマーと国境を接するメーホンソーン県の名産品のひとつにごまがある。ごまは5月に種をまけば、特に手間をかけることもなく育ち、8月頃収穫できる。オクラのような実をつけ、割ると中には白または黒のごまがきれいに並んでぎっしり入っている。ごまとしてスーパーで売られているもののほとんどは、それを乾燥させて煎ったものだ。これをさらに圧搾するとごま油になる。タイでもごまはよく食べられていて、ごま油もよく使われる。

　ごまはタイの全国いろいろな地域で栽培されているが、特にメーホンソーンのごまは油分が多いと評判だ。メーホンソーンの土産物店にあったごま油の瓶の住所を頼りに生産所へ行ってみたら、とても面白い作業場を見ることができた。

　場所はシャン族が多く住むパーンムー郡ソップソーイ町で、町の中心地から10km足らずのところだ。ごま油を作っているのはバーン・マヨム・グループで、店と作業場は町が見渡せる最高のロケーションにある。代表のマヨムさんもシャン族で、昔から作業場では主に黒ごま、それも非焙煎のものを原料に作っているという。一般的にごま油は焙煎した白ごまを使うが、マヨムさんによると、香りは白ごまのほうがいいものの、栄養価は黒ごまのほうが高いそうだ。

　マヨムさんグループが作る黒ごま油の特筆すべきことは、なんといっても作る際に水車を使っていること！　川沿いには水車と木臼が置いてあり、そこにごまを入れて、ゆっくりと杵でつぶして油を搾っていく。水車がぐるぐる回ると、臼がギギギ……と回り、杵にあたっているごまがすりつぶされるのだ。この水車を使うのはマヨムさんで4代目だが、このスタイルで作っているのはタイでもここ1か所だけだとか。

　4時間ほどかけてゆっくりつぶした後は、3回濾し、1か月ほど熟成させれば非加熱の透き通った麦茶色のごま油ができあがる。ごま12kgから4kgほどのごま油しか採れないという貴重なものだ。焙煎していないので香りは控えめだが、口に入れるとごまの味が後から口に広がる。一般的なごま油より風味がマイルドなので、ドレッシングや肉料理など幅広い用途で使える。

川から水を引いて水車を回す。水車には釘が1本も使われていない。

左・数時間するとごまから油が出てくる。ごまの温度は45度ほど。／下・バーン・マヨム・グループ代表のマヨムさん。

畑で育っている黒ごまの実。

バーン・マヨムの黒ごま油は、メーホンソーンの土産物店で買える。

各地のごはん

ไก่ย่าง
ガイ・ヤーン
北部／ペッチャブーン

煙の町、ウィチアンブリー

　タイを代表する料理はたくさんあるが、常に上位にあがるのはガイ・ヤーン、BBQチキンではないだろうか。もくもくとおいしそうな煙を出しながら炭火で焼く光景はおなじみで、特に郊外をドライブしていると道路沿いによく見る。座って食べられる店もあれば、持ち帰りのみの店も。手軽なうえ、おいしく、お腹もいっぱいになって料金も手ごろ、といいことづくめの料理だ。

　このガイ・ヤーンの店だが、どの町に行っても目につくのが看板の「ガイ・ヤーン・ウィチアンブリー」の文字。ウィチアンブリーとはペッチャブーン県のある郡名で、タイのちょうどまん中あたり、ぎりぎり北部地方に入るがイサーンと中部に隣接している。各地方に行く旅行者や商売人などが行き交う場所だ。

　ガイ・ヤーンはここに定住した中国人のトゥワン・スンジャーイさんが考案したといわれている。トゥワンさんはもともと野菜を栽培していたが養鶏に変更。鶏を売る以外にも収入を増やそうと、当時ウィチアンブリーにはなかった鶏肉（＝ガイ）を炭火で焼く（＝ヤーン）ことを思いつく。

　最初の2年は天秤棒を担いでバス停などで売り歩いていたが、1962年あたりから「ガイ・ヤーン・ターペッ」という店名をつけ、家の前で売るようになる。当初はナンプラー味だったが、その後ハーブベースの味に改良。ある日、タイラット新聞の記者がウィチアンブリーを訪れた際、この店で食べて紙面で紹介したのをきっかけに全国的に知られるようになった。その後、同じようにガイ・ヤーンを売る人が増え、ウィチアンブリーのガイ・ヤーンが有名になったという。今では、国道21号線のサラブリー〜ロムサック通りにはガイ・ヤーンの店がずらりと並ぶ。どこも煙をもくもくと出しているので、遠目には火事！？　たき火！？　と思うほど。

　ガイ・ヤーン・ウィチアンブリーの特徴は、皮はカリッと肉はジューシーで香りがいいこと。さらに特筆すべきはソース。ペッチャブーン名産のタマリンド（P.62, 64）を使っており、酸味と甘みがきいたピリ辛味になっている。老舗のガイ・ヤーン・ターペッも健在だが、どの店でもこだわりのたれとソースを用意しているので、見てピンときた店に入ろう。

ウィチアンブリーでも老舗のガイ・ヤーン・ターペッ(ไก่ย่างตาแป๊ะ)。
脂身が少なめの「ガイ・タイ(地鶏)」と肉厚ジューシーな「ガイ・パン(養鶏)」がある。

ไก่ย่าง
ガイ・ヤーン
イサーン／コーンケーン

絶品チキンは洗面器で焼く!?

　ガイ・ヤーンはタイ全土どこでも見かけるが、とてもユニークなのがコーンケーン県の「ガイ・ヤーン・カーオスアングワーン」。コーンケーンの北部、ウドンターニー県に近いカーオスアングワーン郡のBBQチキンだ。

　変わっているのは焼き方。通常、ガイ・ヤーンは長方形のコンロを使うが、ここでは白いホーローの洗面器で焼くのだ。洗面器の底には大きな穴が開いていて、その上に網をのせ七輪の上に置く。壺焼きの要領でじっくりと熱を通していくことで余分な脂が落ち、肉はジューシーに、皮はパリッと仕上がるのだ。

　鶏肉は生後8週間ほどの地鶏を使うというこだわりがあり、それを3本の竹串に挟んで丸ごと炭火で40分ほどかけて焼いていく。弾力と甘みがあり、脂っこくないので、ガイ・ヤーン好きなら一人で1羽ぺろりと食べられる（きっと！）。

　このガイ・ヤーンはカーオスアングワーン駅周辺で売っていたので、この名がついたといわれている。移動手段が列車から車に代わると、国道2号線（ミトラパープ通り）沿いにお店が移る。もともと人気はあったが、1994年に「ガイ・ヤーン・カーオスアングワーン祭り」を開催してから全国的に知名度が上がり、今ではミトラパープ通りの両側に100軒以上のガイ・ヤーン屋が並び、お客でにぎわっている。

　持ち帰る人も多いが、時間があればぜひ熱々を店で食べたい。ガイ・ヤーンはカーオニヤオ（もち米）とソムタム（パパイヤサラダ）との相性が抜群なので、ぜひ一緒に注文したい。タイ人のように、もち米を指でひと口サイズに丸め、鶏と一緒に手で食べるのがおいしい。骨の周りの肉もしゃぶってしまおう。

　ちなみにソムタムは、パパイヤのほかにも青マンゴー、きゅうり、にんじん、とうもろこしなどでも作ってくれる。味つけは2種類あり、ヤシ砂糖の甘み、ライムの酸味、唐辛子の辛味がきいた通常の「ソムタム・タイ」と、プラーラー（P.20）を入れたしょっぱ辛い「ソムタム・プラーラー／ラーオ」がある。外国人には前者のほうが人気だ。

　コーンケーン県以外でも、「カーオスアングワーン」とうたっている店があるので、洗面器を目印に探してみて。

洗面器の下には炭火が。時間をかけてじっくりを火を通していく。

一緒に食べるのはカーオニヤオ(もち米)とソムタム・プラーラー(手前)、ソムタム・タイ(奥)。

ไก่ฆอและ

ガイ・コーレッ 🏠 🛺

南部／ヤラー、パタニー、ナラティワート

赤い鶏はマレーシアの味

　タイの深南部（最南部）、マレーシアとの国境近くに、ヤラー県、パタニー県、ナラティワート県がある。14〜18世紀にはパッタニー県を中心にパタニ王国があったところだ。西インドや中国東部の商人などが舟でやってきて、交易の中継地点として栄えていたが、20世紀に正式にタイ領となる。住民の多くはもともとマレー系の人たちなので、中にはタイ同化に抵抗し、独立運動をするグループがいて、21世紀に入っても何度も紛争が起きている。

　この3県にはマレーシアのイスラム教徒であるマラユー人が多く住み、8割以上がイスラム教徒だといわれている。女性はヒジャブをつけていて、市場などで交わされる言葉もパタニー・マレー語なので、町を歩いていると別世界だ。食べものも、タイのほかの地域では見られないものがいろいろとある。

　そのひとつが、「ガイ・コーレッ」という料理。特にパタニーが有名で、結婚式や行事ごとに欠かせない。「コーレッ」というのはマレー語で「回す」という意味で、鶏肉（ガイ）を回すようにひっくり返しながら、炭火で焼いていくので、この名前がついたのではないかといわれている。ちなみに地元の人たちは「アエー・コーレッ」と呼ぶ。アエーとは「アヤム（マレー語で鶏）」からきている。

　はじめに鶏肉にターメリックやにんにく、塩、ココナツミルクで下味をつけ、その後、濃厚な赤いたれを何度かつけて香ばしく焼いていく。このたれは、唐辛子やホームデーン（小赤玉ねぎ）、生姜をつぶし、ココナツミルク、ヤシ砂糖、塩、タマリンドの果汁を加えて加熱したものだ。あざやかな赤茶色をしていて一見辛そうだが、食べてびっくり！　甘い仕上がりになっている。そのままでもおいしいが、地元の人はココナツミルクと砂糖で甘く味つけたもち米（三角形だったり、竹筒形だったり）と一緒に食べる。両方とも甘いので、「タイ料理は辛い！」と思っている人はきっと驚くはず。

　部位は、鶏肉のもも肉、むね肉、モツから選べるが、店によっては貝や魚、牛肉などでも作っている。深南部の市場や屋台で食べることができるほか、イベントやお祭りがあると屋台が立つ。赤い鶏を焼いているのを見かけたら、ぜひお試しを。

いろいろな部位があるので好みのものを選ぼう。

ラーン(ヤシの一種)の葉で包まれた三角形の中は甘いもち米。

ข้าวยำ
カーオ・ヤム
南部／ナラティワート

南部のヘルシーなご飯サラダ

　ちらし寿司のように、ご飯の上にいろいろな具がのっている南部料理。生の野菜やハーブがたっぷりで、見た目もカラフル。一皿で身体に必要なたんぱく質、炭水化物、脂質、ミネラル、ビタミンの五大栄養素が摂れる健康食として人気だ。南部にはカーオ・ヤム専門店があり、市場ではバナナの葉で包んだものがどこでも売られているほど身近な料理で、朝食や昼食としてよく食べられている。

　ご飯は普通の白いもののほか、アンチャン（P.98）で青く色づけしたものやライスベリーという紫色の米を使ったものもあるが、いずれにしてもそのまわりに刻んだ青マンゴーや唐辛子、いんげん、煎ったココナツフレーク、干しえび、魚のでんぶ、もやし、レモングラス、コブミカンの葉などがたっぷり盛りつけられ、ライムが添えられている。それにたれをかけ、全体をよく混ぜてから食べる。たれは南部の発酵調味料ナーム・ブードゥー（P.22）、ナンキョウ、ガルシニア、レモングラス、ホームデーン（小赤玉ねぎ）、ヤシ砂糖、コブミカンの葉などを煮出して作る。甘じょっぱいたれに、野菜とハーブの酸味や辛味、甘みなどが混ざり合い、絶妙な味になる。食感も、シャキシャキした食材やジューシーなもの、ふわっとしたものなどさまざまで、口の中でハーモニーを奏でるようだ。

　南部料理の店ならタイ全土で食べることができる。おいしいうえに身体にも良く、見た目もきれいなので、南部料理以外の店でもメニューに載せているところもあるが、ナーム・ブードゥーの代わりに手に入りやすいガピ（P.16）を使っていることも。

　ちなみに、国境をへだてた隣のマレーシアにも「ナシ・クラブ（Nasi Kerabu）」というカーオ・ヤムに似た料理がある。マレー語で「ナシ」はご飯、「クラブ」はサラダ、つまり「ライスサラダ」という意味だが、タイ語のカーオ・ヤムも「カーオ」がご飯、「ヤム」があえものやサラダ。結局、タイ語でもライスサラダという意味なのだ。

ご飯にのせる具は自由で、旬に採れるハーブや野菜、果物、花などなんでもいい。

อาหารเวียดนาม
ベトナム生まれの料理 🍲 🏠

イサーン

タイに帰化した!? ベトナム料理

　タイはラオス、ミャンマー、カンボジア、マレーシアと国境を接しているため、さまざまな民族が住んでいる。貿易でやって来た人、戦争で逃げて来た人、仕事を求めに来た人、など理由はそれぞれだが、実にいろいろな民族が共存している。

　中国系タイ人、ベトナム系タイ人、インド系タイ人、モン族やリス族など山岳民族と呼ばれている人、ミャンマーのシャン州から来たシャン族、中国雲南省から来たタイル一族などなど、すでにタイ国籍になって何代という人もいれば、条件つきで滞在許可がおりている人もいるし、タイで生まれ育っているがいまだ身分証明書がもらえない人もいる。

　タイ社会に溶け込んでいるので、外国人からすると、全員タイ人に見えるが、よく聞くと、「〇〇民族です」ということも多い。日本で「青森出身です」「大阪出身」「沖縄生まれ」という感覚に近いくらい、いろいろな民族が住んでいるのだ。

　そのひとつがベトナム系タイ人。アユタヤ王朝時代や第一次・二次世界大戦前後、第一次インドシナ戦争など、ベトナム人がタイに移住してきた時期が幾度もある。ベトナムとは間にラオスを挟むが200km足らずという立地のため、イサーン各地にベトナム系タイ人が多く住んでいる。タイ語を話すので一見わからないが、話を聞くと両親や祖母がベトナムから来たと教えてくれる。

　料理にもそれは見られ、今ではすっかりタイに溶け込んでいるが実はベトナム料理だった、というものはいくつもある。全国的に食べられるようになったものもあれば、イサーンでのみ見かけるものも。たとえば、薄い皮に具を包んで食べる「カーオクリアップ・パークモー」はすでにタイ料理のメニューになっているが、実はベトナム料理だ。また、朝食の「カイ・ガタ」もベトナム風ベーコン&エッグみたいなものだし、バゲットではないが小さなパンにソーセージを挟んだ「カノムパン・ジー」もそうだ。ベトナム麺のフォーみたいな「カーオピヤック・セン」もあるし、ライスペーパーで具を包む「ネーム・ヌアン」というのもある。ノーンカーイ県にはライスペーパーを作っている村も存在する。イサーンに行ったら、ベトナム料理を探して食べるのも面白い。

ข้าวเกรียบปากหม้อ
カーオクリアップ・パークモー

蒸したての薄い皮に、豚肉と切り干し大根、ピーナツをヤシ砂糖で甘く味つけしたものが入っている。

แหนมเนือง
ネーム・ヌアン

ライスペーパーにハーブや豚肉団子、唐辛子、にんにく、青バナナなどを入れてたれをかけ、手巻きずしのように巻いて食べる。フランチャイズ店も多い。

ไข่กะทะ
カイ・ガタ

甘いソーセージなどを焼いたものと目玉焼き。小さなフライパン（ガタ）に入って出てくる。好みでこしょうや醬油をかける。カノムパン・ジー（写真奥）と一緒に食べれば洋風の朝食みたい。

ข้าวเปียกเส้น
カーオピヤック・セン

豚骨スープに豚肉やソーセージなどの具が入っている。もっちりとした麺が特徴だ。「クイジャップ・ユンナーン」と呼ぶことも。

ขนมจีน
カノムジーン

北部／ペッチャブーン

ゆでたてぷりっぷりの発酵麺

　タイ人の好きな料理のひとつにカノムジーンがある。普段からよく食べられているが、行事ごとには欠かせない料理だ。カノムジーンの長さにちなんで「幸せで長生きしますように」という思いで結婚式ではよく出される。一見素麺のようだが、ちょっと発酵くささがあり、日本人にとってはコシがなく、ぷつぷつと切れるように感じられるかもしれない。その麺にたれをかけて好みのハーブや野菜をのせ、混ぜて食べる。

　この料理の魅力は、なんといってもたれ。定番もののほかに、北部や南部など地域の名物だれもあるので、旅行の際はその土地のカノムジーンを味わいたい。その中でも有名なのが、ペッチャブーン県のロムガオ郡。県最北の郡で、国道21号線の両側にはカノムジーンの店が並ぶ。ここがなぜ有名かというと、日本のそば処のように、ほとんどの店が作りたての麺を出していること。一般的にはゆで麺を市場やスーパーで買ってきてそのまま皿に盛ることが多いので、麺がくっついてしまっているし、もっさりしている。でもゆでたては透明感があり、発酵くささもなく、春雨のように弾力があってぷりっぷりのもっちもち！　店によってはアンチャン（P.98）やビーツなどで麺に色をつけていて、食欲をさらにそそる。

　通常、カノムジーンはミートソース・スパゲッティーのように麺を器にどんと入れて1種類のたれをかけるが、ロムガオではひと口分の麺をくるくると巻いて皿に盛り、3、4種類のたれとハーブ、野菜をセットにするのが主流だ。カノムジーンを1巻きずつ皿に取り、好きなたれをかけてハーブと野菜をのせて混ぜながら食べる。たれは、甘いもの、辛いもの、さっぱりしたものなどがあるので、いろいろな味を楽しめるのが魅力。たれ自体にはあまり具は入っていないので、1人で10巻きくらいは食べられる。麺のお代わりは有料だが、たれは無料でお代わり自由だ。

　このようなカノムジーンとたれなどをセットで提供しているカノムジーン店はほかの地域にもあるが、麺を作ってゆでたてを出しているところは少ない。一度食べてしまうと、ほかのカノムジーンには戻れないかも!?

カノムジーン・ロムガオのたれ

น้ำพริก ナーム・プリック
ピーナツをベースにした甘いたれ。

น้ำยากะทิ ナーム・ヤー・ガティ
魚（または鶏肉やカニ）ベースのココナツミルク入りピリ辛だれ。南部のものは辛い。

ปลาร้า ナーム・プラーラー
プラーラー（P.20）を薄めたもの。鰹だしのようにさっぱり。店によっては置いてある。

น้ำยาป่า ナーム・ヤー・パー
淡水魚の身をほぐしてハーブと煮たピリ辛のたれ。

米を3日間発酵させて作る

　そんなカノムジーンは、タイだけでなくミャンマーやラオス、カンボジア、ベトナムでも食べられているが、もともとはモーン族[※]の料理だといわれている。モーン語で「火を通した粉のかたまり」というような意味があり、ソンクラーン（タイ正月）や冠婚葬祭には欠かせない料理だ。手間ひまかかるので、村のみんなで手助けしながら作っていたという。

　作り方は、まず洗った米を水に浸す。やわらかくなったらザルにあげてふたをし、3日間発酵させる。水につけたままでもいいが、いずれにしても毎日洗わないといけない。その後、石臼で米をすりつぶす。ガーゼで包み重石をのせ、水けをきったものをひとまとめにし、ゆでる。ゆであがったものを細かくし、水と練り、ガーゼで濾す。すると、どろっとして重みはあるが、なめらかな生地になる。着色する場合はこの段階で、青色ならアンチャン（P.98）、ピンク〜赤色ならビーツ、緑色ならバイトゥーイ（P.98）を加えて混ぜる。この生地を穴のあいた筒に注ぎ、沸騰したお湯に絞り出してゆでたらできあがりだ。冷水にとって、ひと口大に丸めると食べやすい。また、現在はタピオカ粉を入れるレシピもあるのだとか。そうすると弾力が出てもちもちの麺になる。

[※]かつて中国南部から東南アジアに移住した民族・人種。現在はタイ中部やミャンマーに住んでいる。ラマン族やモン族と呼ぶこともあるが、山岳民族のモン族とは別。

カラフルなカノムジーン。
ペッチャブーン県ロムガオ郡(หลมเก่า)。

野菜とハーブはとり放題(南部)。

タイ各地のいろいろなカノムジーン料理

北部　ขนมจีนน้ำเงี้ยว
ナームニヤオ

シャン族の影響を受けた料理で、トマトと豚肉を煮たスープにトゥアナオ(P.66)とニウという赤い花を加えた、ミートソースに近い味わい。キャベツやもやし、高菜漬け、揚げた豚皮などを好みで混ぜて食べる。ちなみに北部ではカノムジーンのことを「カノムセン」と呼ぶ。

中部　ขนมจีนซาวน้ำ
サーオ・ナーム

パイナップルや生姜、干しえび、ココナツミルクなどを混ぜて食べる。甘ずっぱくて、おやつのように食べられる。そのほか、ナーム・ヤー・ガティ(P.47)やグリーンカレーをかけるのも人気。

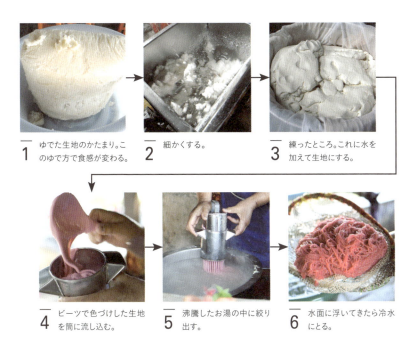

1 ゆでた生地のかたまり。このゆで方で食感が変わる。
2 細かくする。
3 練ったところ。これに水を加えて生地にする。
4 ビーツで色づけした生地を筒に流し込む。
5 沸騰したお湯の中に絞り出す。
6 水面に浮いてきたら冷水にとる。

イサーン	ตำซั่ว
	タムスア

ソムタム（パパイヤサラダ）にカノムジーンを加えた料理。たれをかけるカノムジーンではないが、プラーラーや沢ガニなどが入っていて辛味が強い。イサーンではカノムジーンのことを「カーオプン」と呼ぶ。

南部	แกงไตปลา
	ゲーン・タイプラー

海魚の内臓をベースにした激辛のたれをかける。魚やなす、いんげんなどが入って具だくさん。南部ではカノムジーンを朝食や昼食によく食べる。鶏のから揚げや小えびのフライなどのサイドメニューも充実。つけ合わせの野菜とハーブが豊富。

49

ชามตราไก่
麺どんぶり

北部／ランパーン

麺の器といえばニワトリ柄

　タイの国民食ともいえる麺料理「クイティアオ」を入れる器はプラスチック製が多いが、こだわりの店で使われているのはニワトリ柄のどんぶりだ。灰色に近い白で、分厚くてずしりと重く、ニワトリと葉や花が大きく描かれている。タイ人に「麺が入っているどんぶりといえば？」と聞けば、「ニワトリのどんぶり」と答えるぐらい親しみのあるものだ。

　ニワトリのどんぶりの産地はランパーン県。焼きものが有名なところで、皿やコップなどの食器のほか、花瓶や置きものなど、いろいろな焼きものを国内外に卸している。

　では、ニワトリのどんぶりはいつ頃からあるのだろうか？

　中国から来たシムユーさんがチェンマイの市場で1955年に白い石を見つけたのがきっかけだといわれている。それは食器ではなくて砥石だったが、シムユーさんは故郷で陶器に関わっていたので、器にできる石ではないかとピンときた。

　石がランパーン県のものだとわかると、中国で陶器を作っていた友人とすぐランパーン県へ調査へ行った。そして、その石を見つけるとすぐに器作りに取りかかり、試行錯誤でどんぶりを作りあげた。もともと中国にニワトリの絵が描かれたどんぶりがあったので、その絵を描いたのがこのどんぶりのはじまりだ。ニワトリの胴体がオレンジもしくは赤で、尻尾が黒いのが大きな特徴。ニワトリには活動的、働き者という意味があり、どの図柄もニワトリが走っていたり、歩いていたりと動きのある絵になっている。

　その後、ランパーンでニワトリのどんぶりを生産する工場が増えて全国的にニワトリのどんぶりが広がるが、生活スタイルの変化とともに生産停止になった時期があるという。しかし、またその魅力が脚光を浴び、現在ではどんぶりだけでなく、マグカップやスプーン、コースターなどにもニワトリの絵柄が配されたり、ブルー系の絵柄ができたりなど、新しい商品も人気だ。

　これらはランパーンの博物館や陶器の店で購入できるが、全国の市場やデパート、食器を扱う店でも買うことができる。

ブルー系の配色は比較的新しい商品。

左・胴体はオレンジと赤、尻尾は黒が基本配色のニワトリどんぶり。／下・れんげにもニワトリが描かれている。

手描きとプリント柄がある。手描きのものには裏にサインが入っている。

タナボディー陶器博物館
(Dhanabadee Ceramic Museum
พิพิธภัณฑ์เซรามิคธนบดี）
https://dhanabadee.com

ปิ้งไก่ข้าวเบือ
ピン・ガイ・カーオブア
北部／ペッチャブーン

もっちりもち米で包んだ焼き鳥

　タイの定番人気鶏料理として、ペッチャブーン県ウィチアンブリーのガイ・ヤーン（P.36）を紹介したが、同じ県にもうひとつ有名な鶏料理「ピン・ガイ・カーオブア」がある。ペッチャブーン県北部のロムサック郡ブンナームタオ地区の名物で、鶏肉をもち米で包んで焼いた料理だ。串にご飯が巻きついているさまは一見きりたんぽのようでもあるし、細長いアメリカンドッグのようにも、鶏つくね串のようにも見える。ガイ・ヤーンを食べる時にはもち米が欠かせないが、それをひとつにしてしまった便利な食べものとでもいえよう。とはいえ、味も食感もまったくの別モノだ。

　使う部位は、鶏のもも肉、むね肉、手羽など。それらの肉を、先が2つに分かれた串で挟み、塩こしょうなどで下味をつけ、炭火で焼く。もち米部分は、水に浸しておいたもち米を鍋に入れ、生姜やこしょう、にんにく、乾燥唐辛子、塩をつぶしてペースト状にしたものとココナツミルクを入れて煮る。焦げないように混ぜながら1時間ほど煮ると、もったりとしたかたまりになる。それを焼いた鶏肉を包むように握りつけ、もう一度炭火でじっくり焼けばできあがり。

　ほんのりとした赤みは唐辛子の色。はじめにココナツミルクの甘みと香りが立ち、後からピリッとした辛さが口に広がる。もち米は粒がほとんどなくなりもちのようになっているので食感はねっとり。歯にひっつくので、食べながら舌でそれを取るのに忙しいかもしれない。

　地元の人は、ピン・ガイ・カーオブアをそのままおやつや朝食にするだけでなく、ご飯のおかずとしても食べるそうだ。もち米がついているのにご飯に合わせて食べるの!?　炭水化物＆炭水化物!?　と思うが、立派なおかずなのだという。

　この料理はペッチャブーンの中でもブンナームタオ地区でしか食べられないので、もしこの方面に行くことがあれば、焼いている屋台を探してみてはどうだろうか。ペッチャブーンにはガイ・ヤーン（P.36）、カノムジーン（P.46）、タマリンド（P.62, 64）などおいしい名物がいろいろあるほか、2023年に世界遺産に登録されたシーテープ歴史公園（遺跡群）や国立公園もあるので、旅行にはおすすめ。

もち米をつけた鶏肉をひっくり返しながらじっくり焼いていく。

ブンナームタオ地区の国道21号線沿いに屋台が並ぶ。

ข้าวแช่
カーオ・チェー

中部／ペッチャブリー

暑い時にはひんやり冷やしご飯

　タイでいちばん暑いのは3、4月。暑い日は気温が40℃を超え、強い日差しがじりじりと肌を刺す。うだるような暑さで食欲が出ない時、日本ではそうめんや冷やし中華を食べるが、タイには冷やしご飯、「カーオ・チェー」がある。ご飯（カーオ）を水に浸した（チェー）もので、甘めに味つけしたおかずと一緒に食べる。茶碗の中にはジャスミンの花が浮かんでいるので見た目はキレイだが、そこに氷も入っている。ご飯に氷!?　と、最初は驚くかもしれない。日本人からすると、冷蔵庫の残ったご飯をお茶づけにして食べるような感覚かと想像するが、実はとても手が込んだ宮廷料理でもあるのだ。

　もとはモーン族（P.47）の料理で、ソンクラーン（タイ正月）に幸せを願って作り、僧侶にお供えしていたという。その後、王宮内で作られるようになり、少しずつ中部地方に広がっていった。ペッチャブリー県では暑い時期になるとこの屋台が出るほど庶民に親しまれているが、ほかの地域ではレストランやホテルで提供されるちょっと特別な料理といえる。

　この料理は王宮で出されていたというだけあり、とても手間がかかっている。まず米だが、ゆでた後、洗ってぬめりを取り、さらに蒸す。ご飯に注ぐ水は、ジャスミンの花を浮かべ、特別なろうそく（P.98）で香りをつけておく。器にご飯と水、氷を入れればできあがり。氷のない時代は素焼きの壺に水を入れて冷やしていたという。素焼きの外側に水がしみ出す時に熱を奪い、水が冷えるからだ。のちに氷が作られるようになっても、庶民にはなかなか手に入らなかったはずだから、氷が入っているというだけで贅沢な料理といえるだろう。添えるおかずは、ピーマンに似た野菜に肉を詰めて卵の衣で包んで揚げたもの、えび味噌を丸めたもの、甘い切り干し大根、肉のでんぶなど。どれも手が込んだものばかりだ。

　ご飯はひんやり冷たく、口に入れるとふわっとジャスミンのさわやかな香りと、ろうそく独特の香りが広がる。おかずはどれも甘く濃い味なので、日本のつくだ煮のように、少しのおかずとご飯を交互に口に運ぶ。冷水に入ったご飯というのは不思議な感覚だし好みも分かれるだろうが、タイ人の食への追求、食べる人への愛情、食文化を知るのに面白い。

レストランのカーオ・チェーは豪華で盛りつけも美しい。

ไก่ทอด
ガイトード

南部／ソンクラー

タイで鶏のから揚げといえば！

　鶏のから揚げ（＝ガイトード）といえば、「ガイトード・ハートヤイ」とみんなが口をそろえて言うくらい有名な庶民の料理がある。これはマレーシアと国境を接しているソンクラー県ハートヤイ（ハジャイ）の名物だ。このから揚げ自体は全国にあるが、から揚げを売っている屋台の多くは、看板に「ハートヤイ」の文字をあげている。

　ハートヤイは南部の中心地ともいえる大きな商業都市。マレーシアと国境を接しているため、マレーシアからの観光客でいつも賑わっている。華僑も多く住んでいるが、イスラム教徒も多く、ヒジャブ姿の女性をあちこちで見る。鶏のから揚げを売っているのもイスラム教徒がほとんどだ。

　揚げホームデーン（小赤玉ねぎ）がのっていることがガイトード・ハートヤイの特徴だが、その由来にはこんな説がある。このから揚げが生まれたのは50年ほど前といわれているが、その頃、鶏のから揚げを売っていた夫婦がいた。あまり売れなくて困っていたある日、ホームデーン売りの友人がもう腐ってしまうからと売れ残りのホームデーンをくれた。そこで、それを揚げて一緒に売ったところ、バカ売れした、というのがはじまりなのだとか。

　もっとも南部はイスラム教徒が多いから、豚肉より鶏肉料理が一般的。揚げホームデーンを料理に使うのは珍しいことではないから、前述の説も定かではない。なんにせよ、結局おいしいから全国に広まったことだけは確かだ。

　店によって味つけもたれも違うが、どこも衣がカリカリッで、肉はジューシーに揚げてある。持ち帰りの屋台が多いが、ぜひ熱々を食べたいので、テーブルを出していたら迷わずそこで食べよう。部位は、サポーク（もも肉）、オック（むね肉）、ノーン（ドラムスティック）、ピーク（手羽）などから選べる。まれに店によっては、ホーム・ジヤオ（揚げホームデーン）は別売りということもある。

　ハートヤイの屋台には、カーオニヤオ（もち米）が必ずあり、から揚げと一緒に食べるのが主流だ。また、チキンビリヤニやチキンピラフのような「カーオ・モック・ガイ」という料理も売られていることが多いので、お腹に余裕があればぜひ。こちらにも揚げホームデーンがのっている。

冷めてもカリカリなガイトード・ハートヤイ（ไก่ทอดหาดใหญ่）は甘いたれと食べる。

薄く衣をつける店と素揚げの店がある。

อาหารจีน
中国の料理
北部／チェンライなど

まるで中国にいるみたい

　タイ全国に中国系タイ人は多く住んでいるが、バンコクなど中部以南に移り住んだ中国人のほとんどは舟で福建省や広東省からやってきた人たちだ。かたやチェンマイなど北部に移住した中国人はイスラム教徒が多く、陸路で雲南省から来ている。現在でも北部には中国系タイ人が住む地域が何か所もあるが、中には元中国国民党の子孫が定住している村もある。彼らは主にミャンマー国境の町に住んでいる。

　第二次世界大戦後、蒋介石の国民党政府は共産党と内戦になり、力を失った蒋介石は台湾に撤退。雲南省などにいた国民党軍第93師団の第3軍＆5軍と家族がミャンマー（当時はビルマ）に逃げることになるが、ミャンマーでも革命が起き、1961年頃、タイ北部のチェンライ県メーサロンの山地などに移動したのだ。

　彼らはその後も共産党を攻める時期をうかがっていたが、1970年代にタイに定住することを決め、お茶栽培をはじめる。メーサロンは標高が1300mほどあり、お茶栽培に適していたからだ。その後、台湾からの支援でお茶の生産技術が上がり、今では輸出するほどになっている。

　お茶栽培は元国民党の家族が移住したワーウィー山やメーホンソーン県のバーン・ラックタイ村などの標高が高いところでも盛んだ。見渡す限り茶畑が広がっていて、お茶屋さんも多く、試飲することができる。また、チェンマイ県のアルノータイ、ファーン、チャイプラカーンなどの平地にも元国民党の家族が住んでいる村がたくさんある。

　バンコクなどに移住してきた中国人はタイ語を話し、タイ人とほぼ同化しているが、元国民党軍の子孫たちは日々の生活でいまだに中国語を話している。子どもたちはタイの学校に通っているが、放課後や週末には中国語の学校にも行っている。彼らの村では旧正月を盛大に祝うし、村の食堂では中国のラーメンや餃子などが普通に食べられる。冬になれば豆腐を作り、発酵させて腐乳を作ったりもしている。さらには雲南スタイルのソーセージを干したり、梅干しをつけたり……など、まるで中国にいるような光景を見ることができる。

軒先に干している雲南ソーセージ。チェンライ県。

雲南麺。もっちりした麺に焼き豚がのっている。

左&上・腐乳を作っているところ。チェンマイ県チャイプラカーン。

ワーウィー山の斜面にひろがる一面の茶畑。

59

食 材

มะขาม

マカーム[タマリンド]
北部／ペッチャブーン

甘ずっぱーいタイの味

　タイ料理の酸味をつけるものにライムや酢があるが、タマリンドもよく使う。おなじみタイの焼きそばパッタイや、ガイ・ヤーン・ウィチアンブリー（P.36）のソース、スープなどの酸味をつける時に活躍する素材だ。ライムのような鋭い酸味ではなく、バルサミコ酢のようなまろやかな酸味が特徴だ。

　タマリンドはマメ科の植物で、茶色の実をつける。薄い殻をパリパリッと割ると、中から茶色のねっとりした果肉が出てくる。これを食べるのだが、タマリンドには酸味があるタイプと甘いタイプの2種類がある。

　タマリンドの木は全国どこにでも、それこそ隣近所のどこかに必ず生えているが、「タマリンドといえばペッチャブーン」と誰もが言うくらい、特にペッチャブーン県産のタマリンドが有名。その理由は「甘い」から。今でこそ「甘いタマリンド」はどこででも栽培されているが、以前はタマリンドといえば酸味のあるものが主流だった。そのすっぱさといったら、梅干しを食べた時のように顔をしかめるほど。なのにペッチャブーンのタマリンドは甘い！　ということで、広まっていったという。

　現在タマリンドにはいろいろな品種があるが、酸味があるものは主に料理やジュース、お菓子などにして、甘いものは中の太い繊維や種を取り除いて果物としてそのまま食べる。後者はドライフルーツのような凝縮された甘みがあり、繊維が豊富なので、便秘気味の人には特におすすめだ。

　ペッチャブーンではいろいろな品種が植えられていて、12月から3月頃まで順に出回り、1月にはタマリンド祭りが開催される。新鮮なタマリンドは冬が旬だが、「酸味があるタマリンド」は調味料として使うので、殻をむいたものが市場で一年中売られている。ほかにも、タマリンドのあめ、砂糖と唐辛子をまぶしたお菓子なども人気で、コンビニやスーパーでいつでも買うことができる。

　また、タマリンドは食べるだけでなく、昔から美容にも使われている。「酸味のタマリンド」を水で溶いてパックやスクラブにすれば、美白やシミに効果がある。タマリンド石鹸やスクラブなどの商品も販売されているので、手軽に美しくなりたい人はそちらが便利。

「甘いタマリンド」の殻を割るとこのような実が入っている。

旬の時期は幹線道路沿いにこのような店がたくさん出る。

タマリンド製品はスーパーやヘルスショップなどで売られている。

タマリンドに砂糖と唐辛子をまぶしたマカーム・クルック。唐辛子味や塩味、梅味も。

มะขาม
マカーム[タマリンド]

北部／ペッチャブーン

ジヤンさんの甘いタマリンドの木

　タマリンドの木はタイの田舎に行けばどこでも目にするが、ペッチャブーン県では、名産地というだけあり農園規模で植えられている。車で走ると、行けども行けどもタマリンド農園が続く。ペッチャブーン市内から45kmほど南に行ったチョンデーン郡もタマリンドの産地で、特にプラガーイトーン種が有名だ。

　甘いタマリンドの品種はいろいろあるが、そのひとつがプラガーイトーン種（通称ターペッ種）で、この村にはその元祖の木が生えている。この木を発見したのはジヤンさん。60年ほど前、友達から甘いタマリンドの種をもらって、庭に100個以上まいたという。その時は何の品種かわからなかったそうだ。

　5年経って実をつけはじめたが、甘いはずと思っていた実がなんとどれもすっぱい！　酸味のあるタマリンドは必要ないので、トラックで切り倒し、田んぼにすることにする。次々に木を切り倒したが、ある木の前に来た時、突然トラックが壊れてしまったという。仕方がないのでそのまま放っておいたら、なんとこの木の実が大きく甘かったとか！

　あまりに甘くおいしかったので、1991年に「グラーイトーン種」と名づけて、県のコンテストに出したら見事優勝。その後、「プラガーイトーン種」に名前を変更。枝分けし、この甘い品種が広まっていった。当初は実が1kg700バーツで取引され、世界でいちばん高価なタマリンドと言われたこともあるとか。

　プラガーイトーン種は、ずんぐり長く、殻は薄め、果肉は多く、種は小さめ。とても甘いのが特徴で、12月頃実をつける。現在ペッチャブーン県内でプラガーイトーン種を植えている農園は2500軒以上で、収穫量は1万3000トン以上。1年で8億バーツ以上の収益がある。この品種を発見したおかげで、県に相当な利益をもたらしたことになる。

　現在、ジヤンさんの農園にはタマリンドの木が何本もあるが、一際目立つのがプラガーイトーン種の元祖の木だ。上へ横へと枝を伸ばし、1本でジャングルを作るかのようにうっそうと茂っている。古木のため現在はあまり実がならなくなってしまったが、毎年ジヤンさんの命日の1月には、彼の功績をたたえる式が行われているそうだ。

甘いタマリンドの品種のひとつプラガーイトーン種の元祖の木。

ถั่วเน่า
トゥアナオ
北部／メーホンソーン

北タイでも食べられている納豆

　北部料理の味の決め手となる食材のひとつにトゥアナオがある。トゥアは「豆」、ナオは「腐る」。いわゆる納豆だ。納豆を食べる文化はタイでは北部だけだが、近隣の中国雲南省やミャンマーのシャン州、ラオスなどにもある。1292年にチェンマイを首都として成立したラーンナー王朝は、最盛期には前述の地域まで領土を広げたが、納豆文化がある地域がそれと重なるというのが面白い。特にミャンマーのシャン州に住むシャン族［※］は幾度となくタイ北部に移住してきているので、メーホンソーン県やチェンマイでもシャン族の納豆を食べることができる。

　もともとトゥアナオは家庭で手作りされてきたが、現在は市場で買う人がほとんどだ。チェンマイの市場でも普通に売られているが、日本のものとは形状が違うので気づかないかもしれない。

　大きく分けると3種類あり、よく見るのは焦げ茶色で丸くて平べったい「トゥアナオ・ケープ」。納豆をつぶして天日干ししたもので、保存がきく。これは火であぶってから石臼でつぶし、スープなどの調味料として使う。

　2つめはつぶした納豆を蒸したり焼いたりした「トゥアナオ・モッ」で、バナナの葉に包んであるのが目印だ。これは調味料にしてもいいが、粒が残っているので、卵と炒めたり、唐辛子と混ぜたりして料理にも使える。この2つはどこの市場でも見つけられるが、3つめの「トゥアナオ・サー」はシャン族が住む地域で売られている。これはまさしく形状が納豆で、煮た大豆を葉に包んで発酵させただけのものだ。あえものなどにして食べる。

　トゥアナオの味はというと、どれも日本の納豆とそう変わらない。しいていえば、匂いも味もトゥアナオのほうがマイルドで、粘り気はほとんどなく、糸もあまり引かない。また、シャン族が作るトゥアナオ以外には塩が入っているので、少ししょっぱい。

　料理に入れると風味とコクが出るが、そこまで「納豆」という強い匂いはない。ただ苦手な人もいるので、観光客が多い店ではあえて抜いて作ることも多い。食べてみたい人は、地元の人が行く店を選ぼう。

［※］タイヤイ族とも呼ばれる。シャン州はタイ北部、ラオス、中国雲南省と接していて、納豆や食べる茶葉（ミヤン[P.106]）など同じような発酵食文化を持つ。現在でもチェンマイ市内にはシャン族が多く住む。

トゥアナオ・ケープ。火であぶってから使う。砕いてごまなどと混ぜれば、納豆ふりかけに。

トゥアナオ・サー。粘りは少ないが、日本の納豆のように食べられる。

トゥアナオ・モッ。そのまままもち米と食べてもおいしい。

シャン族のトゥアナオの作り方

1 大豆をひと晩水につけたあと、やわらかくなるまで8時間ほど煮る。チークやトントゥン(フタバガキ科の木)の葉で包む。

2 さらに毛布に包み、2、3日あたたかいところで発酵させれば「トゥアナオ・サー」ができる。納豆菌など、特に何も入れない。

3 豆の粒をつぶして団子状にし、叩いて平たくしたあと網に並べて天日で半日〜1日干すと「トゥアナオ・ケープ」になる。

ปลาเค็ม
プラー・ケム 🛍

中部／サムットサーコーン、南部／ナラティワート

タイのアンチョビ!? は強烈な香り

　タイの食堂でときどき、鼻につくような匂いがすることがある。初めてかいだ時は、雑巾を炒めているのではないか!?　と思ったほど。日本でいえば、クサヤを焼いているような独特の匂いとでも言おうか。

　この匂いのもとは「プラー・ケム」。直訳すると「しょっぱい魚」で、エラや内臓を取り除いた丸ごとの魚に塩をまぶして5、6日つけ、洗って干したものだ。一般的には50cm前後の魚プラー・インシー（サワラ）で作るものが主流。海沿いの町に行くと、丸ごと干したものが売られているが、輪切りにした切り身は市場などで全国的に販売されている。

　プラー・ケムにはそのほか、プラー・グラオ（ツバメコノシロ科の魚）で作るものもある。2022年にタイ・バンコクで開催されたAPECの晩餐会の料理で使われたことで、一気に知名度がアップした。特に、南部のナラティワート県タークバイ郡のものが有名で、市場に出回る数が少ないので1kg1600バーツ前後の値がつく。これはプラー・インシーの倍だ。生産量が少ないのでどこにでもあるわけではないが、南部や物産展などで見つけられる。

　プラー・グラオは、干す時に身の上で瓶などをごろごろと転がして中の水分と空気を抜くので、身がほぐれながらしまる。だから口の中に入れるとほろほろと溶けていく。かたや一般のプラー・インシーのほうは身がしっかりしているので、好みが分かれるところ。どちらも定番の料理は、素揚げにした「プラー・ケム・トード」、ライムを搾って、ホームデーン（小赤玉ねぎ）や唐辛子と食べる。塩けが強いので、ビールのおつまみにぴったりだ。

　とにかくプラー・ケムは独特のくささがあり、加熱するとさらに臭いが強くなる。だけど、食べるとあら不思議、うま〜いのだ。強めの塩けがアクセントになるので、野菜炒めやチャーハンにもぴったり。アンチョビ代わりにパスタに入れてもおいしいので、切り身をお土産に買って帰ってもいいかも。ただし、スーツケース中の服に匂いがつくし、料理すると家中に強烈なプラー・ケム臭が充満するので、その点だけは覚悟あれ！

プラー・インシーを干す。サムットサーコーン県。

ナラティワート県のプラー・グラオ。

切り身にしたプラー・ケム。

トゥアナオを味わう料理 (P.66)

น้ำพริกถั่วเน่า
ナムプリック・トゥアナオ

トゥアナオ・ケープ、乾燥唐辛子、焼いたトマト、ホームデーン（小赤玉ねぎ）、にんにく、ガピなどを石臼でつぶして混ぜた野菜ディップ。

ยำถั่วเน่า
ヤム・トゥアナオ

ライム、唐辛子、レモングラスなどをトゥアナオ・サーとあえたサラダ。シャン族の料理（写真はあえる前）。

จอผักกาด
ジョー・パカード

トゥアナオ・ケープやトゥアナオ・モッとタマリンドで味つけした菜の花と豚肉のスープ。コクと酸味のある味わい。

プラー・ケムを味わう料理
(P.68)

ปลาเค็มทอด
プラー・ケム・トード

プラー・ケムを揚げた定番メニュー。ライム、唐辛子、ホームデーンと食べる。塩けが強いのでお酒やご飯と一緒に。写真はプラー・グラオ。

ผัดคะน้าปลาเค็ม
パット・カナー・プラー・ケム

お粥屋や食堂の定番メニューで、カイラン菜とプラー・ケムを炒めたもの。ご飯がすすむ一品。

ข้าวผัด ปลาเค็ม
カーオパット・プラー・ケム

プラー・ケム入りチャーハン。シンプルだがプラー・ケムの塩けが良いアクセントになっている。

ไข่เค็ม

カイケム
南部／スラータニ

元祖塩卵は白アリの巣が美味の秘訣

　日本では見かけないが、タイ人に身近な素材のひとつに「カイケム」(「カイ」は卵、「ケム」は塩味) がある。見た目は普通のゆで卵だが、白身部分に弾力があり、かなりしょっぱい！　そのままでは塩けが強すぎるので、お粥と食べたり、ヤム (ピリ辛サラダ) にしたり、ソースにしていかと炒めたり、はたまた月餅などのお菓子の具にしたりする。コクがあり塩味がきいているので、入れるだけで料理の味がきまるのだ。

　作り方はいたって簡単で、生の鶏卵かあひるの卵を塩水に1～3週間つけるだけ。長くおくほどしょっぱくなるので、用途に応じて日数を調整する。家庭ではこの作り方が一般的だが、なんと土で包む方法もある。カイケムで有名なスラータニ県チャイヤー郡では、土は土でもなんと白アリが棲む土を使っているのだ。

　スラータニの中心部から約40kmのチャイヤーでカイケムが生まれたのは、百数十年前、タイ南部鉄道を建設中の時だ。チュムポーン県〜スラータニ県間の鉄橋を管轄していたジー・シックさんがレシピを考案した。もとからこの地域ではカイケムを作っていたが、味はいまいち。ジーさんが粘土状の土と塩を混ぜて、卵を包み、焼きもみ殻をまぶしてみたところ、とてもおいしくなったという。

　ただ、卵と土とがはがれやすかった。そこで偶然、白アリが巣を作っている土を使ったところ、密着度が高くなったうえ、香りと味まで良くなったという。詳しくはわからないというが、硫黄成分が関係しているのかもしれない。温泉卵のような作用だろうか。

　その後、地域の人たちもそのレシピで作り、市場で売ったところ大好評！　口コミで全国に伝わり、今日までそのレシピが各地で受け継がれている。そのため、カイケムを名産品にしている村や町はタイ国内に何か所もある。たとえば、ロップブリー県では白アリの土の代わりにディンソーポーン (P.122) を使うなど、各地で地域の素材を使ったカイケムを味わえるのだ。

　誰にでもレシピを教えちゃうの!?　とびっくりするが、使う土壌によって味も食感も変わるので、絶対にチャイヤーの味と同じにはならないとか。さすが元祖、太っ腹！

店頭で売られているものは生なので、ゆで卵や目玉焼きなどにして食べる。写真はゆでたカイケム。

お粥屋さんに並ぶカイケム（奥・白）とピータン（手前・ピンク色）。

市場の卵売り場にも一般の鶏卵やピータン（ピンク）と一緒にカイケム（白）が並んでいる。

ไข่เค็ม
カイケム 🛍
南部／スラータニ

プラソンおばさんの塩卵

　カイケムの作り方を教えている研修センター的な場所がチャイヤー郡ラメットにある。代表のプラソン・ヒートナンさんに話をうかがった。

　プラソンさんは2002年からカイケムを作っているが、もとは稲作をしていたという。稲の食害となる巨大タニシの駆除を自然農法でやろうとあひるを30羽飼ったところ、タニシを食べてくれたが、あひるが毎日産む卵が消費しきれない。そこで仲間に声をかけてカイケムを作ることにし、あちこちで勉強してレシピを完成させた。

　カイケムは鶏卵でも作れるが、殻が丈夫で割れにくいあひるの卵を使うのが一般的。鶏卵よりひと回りほど大きいので食べ応えもある。おいしく作る秘訣は卵の鮮度。センターでは知り合いのファームからあひるの卵を買っていて、一個一個ひびが入っていないかなどていねいにチェックするところから一日がはじまる。重要なのは水でぬれていないこと。卵の殻には気孔が10万個ほど開いているので、ぬれると白身が黒くなるうえ、塩が浸透しにくいのだ。水辺で産んだ卵は使えないため、それを選別しているファームのみから買っている。

　土で包んだ卵は常温で1週間ほどおけば食べられる。1週間くらいで黄身が丸く固まりはじめ、色も濃くなってくる。しょっぱすぎず、目玉焼きにするのに最適。2週間くらいすると塩けが強くなってくるので、ゆで卵にいい。お粥のおともやピリ辛サラダなどの料理にも◎。またこの頃には白身に弾力がなくなり、割ると丸く固まった黄身がころんと出てくる。指で押してもそう簡単につぶれないので、お菓子の具にするのにもばっちりだ。

　常温で約3週間おいておけるが、それ以上になるとしょっぱすぎるので、土を取って洗い、冷蔵庫に保管する。しょっぱい部分は主に白身部分なので、黄身だけを食べたり、ソースやお菓子に使ったりする。

　プラソンさん曰くチャイヤーのカイケムとほかとの違いは、弾力、色、コク、もっちり感。確かに、チャイヤーのものは鮮やかなオレンジで、日に透かすとガラス玉のような透明感がある。そして濃厚。さらにこのセンターのものはオーガニック！　日持ちもするので、お土産にもいい。タイ国内なら郵送もしてくれる。

カイケムの作り方

1 あひるの卵にひびが入っていないかチェック。コンコンと叩くとわかる。

2 ふるった土と水、塩を混ぜる。土と塩は3:1の割合、水の量は土がもったりする程度。

3 卵の周囲にまんべんなく**2**の土をつける。

4 焼いたもみ殻の上にころがし、手でぎゅっと密着させる。

5 このまま常温で1〜3週間おく。

2週間ほどで黄身はこんなにこっくーろんにーなーるよ。

タイ国内に郵送される際は、こんなかわいいパッケージで。

カイケム地域企業グループ
กลุ่มวิสาหกิจชุมชนไข่เค็ม อสม.
の代表を務めるプラソンさん。

75

カイケムを味わう料理

(P.72, 74)

ส้มตำไข่เค็ม
ソムタム・カイケム

ソムタム（パパイヤサラダ）にカイケムを入れたもの。黄身がほどよく汁に溶けて甘ずっぱいサラダにコクを与える。

ปลาหมึกผัดไข่เค็ม
プラームック・パット・カイケム

カイケムの黄身、チリオイル、オイスターソースなどを混ぜたたれをいかにからめて炒めたもの。ご飯がすすむ一品。

หมูสับนึ่งไข่เค็ม
ムーサップ・ヌン・カイケム

醤油やオイスターソースで味つけした豚ひき肉にカイケムをのせて蒸したもの。スラータニ県内のお粥屋のメニューに並ぶ。

วุ้นเส้นผัดไข่เค็ม
ウンセン・パット・カイケム

春雨とカイケム、にんにく、卵、ねぎなどを一緒に炒めた料理。カイケムの塩けが後をひく。食堂やレストランで。

ยำไข่เค็ม
ヤム・カイケム

ゆでたカイケムをライム、唐辛子、ナンプラーであえたもの。カイケムを丸ごと味わえる、お粥屋の定番メニュー。

ขนมเปี๊ยะไส้ถั่วไข่เค็ม
カノムピヤッ・サイ・トゥア・カイケム

薄い生地の中に緑豆餡とカイケムの黄身が入っている。タイのろうそく(P.98)で香りづけしてある。

ซาลาเปาไส้ครีมไข่เค็ม
サラパオ・サイ・クリーム・カイケム

カイケムの黄身をベースにした濃厚な甘いカスタードクリームが入っている。塩けと甘みのバランスが絶妙。飲茶などで。

77

แหนม
ネーム
北部、イサーン／チェンマイなど

やみつきになるすっぱい発酵豚肉

　くせがあるものというのは最初はとっつきにくいかもしれないが、一度好きになるとやみつきになる。特に発酵食品は奥深い。タイには発酵食品がたくさんあるが、そのひとつがおつまみや具にぴったりのネームだ。豚肉を発酵させたもので、細長いビニール入りの既製品は全国のコンビニやスーパーでも売られている。が、北部とイサーンではバナナの葉に包んだ手作りのものを買うことができるので、そちら方面に行く機会があるなら、ぜひ味わってみたいもの。

　北部では、ネームのことをすっぱい肉「ジン・ソム」と呼んでいる。昔から家庭で作られていて、行事などで豚をつぶした時に保存食にしていた。作り方は、生の豚肉、ゆでた豚皮、蒸したもち米、塩、にんにく（好みで唐辛子）を混ぜ、3、4枚のバナナの葉で包む。あとは常温で数日おいて発酵するのを待つだけだ。どこの市場でも買えるが、有名なのはチェンマイ県のメーカジャン郡。幹線道路沿いでは、紐でぶらさげられたジン・ソムがたくさん売られている。

　イサーンでも同じように作るが、ベトナム系タイ人が多い地域ではマヨム（スターグーズベリー）の葉と一緒に包む。

　食べ頃は二晩おいた頃。暑い時期だと発酵が早いのでひと晩で十分だという。時間が経つにつれ酸味が増してくるので、好みの酸味になった時に食べればいい。ただ、手作りのものは防腐剤を入れていないことが多いので、5日以上常温でおいてはいけないそう。好きな酸味になったら冷蔵庫に入れたほうがいい。

　地元の人は、酒のつまみとしてにんにくや唐辛子をかじりながらなんと生で（！）食べるのが好きだが、もちろん加熱して食べてもいい。そのままバナナの葉ごと炭火であぶると香ばしいし、卵でとじればちょっとしたおかずになる。食材としても人気で、ネームの焼き飯（カーオパット・ネーム）やネーム入り卵焼き（カイジヤオ・ネーム）などは全国の食堂で食べられる。北部だと、スープに入れたり、スペアリブのネームを揚げたものなんかも味わえたりする。ネームには軽い脂身と酸味があり、調味料的な役割としても使えるので、冷蔵庫に既製品を1本常備しておくと便利だ。ただ、手作りのほうがもっちりジューシーで、香りが良いのはいうまでもない。

手作りのネーム。いくつかが束になっているので、個々の発酵具合を見ながら食べられる。

メーカジャン郡のジン・ソム。白っぽい部分は豚の皮をゆでたもの。

ベトナム系のネーム。乾煎りして粉末状にした米も入っているので香りがいい。

細長いソーセージ状でビニールに入った既製品は全国で売られている。

ネームを味わう料理 🍴🍲
(P.78)

แหนมผัดไข่
ネーム・パット・カイ

ネームと卵を、玉ねぎやねぎ、にんにくなどと炒めたもの。ネームの脂身がコクを加え、ネームの酸味がアクセントになっている。

แหนมซี่โครงหมูทอด
ネーム・シークロンムー・トード

スペアリブのネームを揚げたもの。少し酸味があり、酒のつまみにぴったり。主に北部で食べられる。

แกงผักปั๋งใส่จิ๊นส้ม
(แกงผักปลังใส่แหนม)
ゲーン・パックパン・サイ・ネーム
(ジン・ソム)

ツルムラサキとネームを入れたスープ。ネームの酸味がいいだしになっている。主に北部で食べられる。

80

甘いもの・飲みもの

น้ำตาลโตนด

ナムターン・タノート［ヤシ砂糖］

中部／ペッチャブリー

オウギヤシから作る極上の砂糖

　タイ料理は「甘くて、辛くて、すっぱい」とよく表現されるが、その甘みによく使われるのがヤシ砂糖だ。サトウキビから作る砂糖も使うが、カレーやソムタム（パパイヤサラダ）、野菜ディップ、お菓子など、味に深みをもたせたいものにはヤシ砂糖が必須だ。

　ひとことに「ヤシ砂糖」といっても、実は2種類あり、一般的に売られているのはタイでよく見るヤシの木、いわゆるジュースで飲む「ヤシの実」がなる木からとったもの。この茎から出る液で作る砂糖が「ナムターン・マプラーオ」だ。もうひとつは「トンターン（オウギヤシ）」から作る砂糖。「ナムターン・タノート」と呼ばれ、味も値段もワンランク上だ。香りが良く、やさしい甘みがあるので特にお菓子作りに最適といわれている。

　トンターンが有名な地域は何か所かあるが、誰もが「あそこのヤシ砂糖はおいしい！」と口をそろえるのがペッチャブリー県。県内はどこを走っても見渡す限りトンターンが青空に映えて美しい。一般のヤシよりも背が高く、葉を扇のように広げているのが特徴だ。実が採れるまでに約15年かかるという成長が遅い木だが、70年、80年……100年と長生きなので、次世代、次々世代まで恩恵を受けることができる。

　ヤシ砂糖は、花がつく茎を切り、そこに竹筒を吊るして集めた液を煮詰めて作る。薪の火加減を調節しながら焦げないように絶えずかき混ぜると、次第にもったり、ねっとりしたキャラメル色の香ばしい砂糖ができる。これを型に入れて固めたタイプもあるが、どちらも全国の市場で買うことができる。

　365日毎日欠かさずナムターン・タノートを作るというパー・メーカーさんにお話を聞くと、毎朝暗いうちから10m以上のヤシに上って竹筒を集め、大きな鍋で4時間ほど煮るという。前日作ったという砂糖を食べさせてもらったが、一般のヤシ砂糖より薄い茶色で、最初は舌にざらっとするがすぐにすっと溶けていき、香ばしさが口に広がる。高級なトフィーのような味で、いくらでもなめられるまろやかな甘さだ。これで料理やお菓子を作ればおいしいはずだ。ペッチャブリーはタイスイーツがおいしい県として有名だが、それも大きくうなずける。

花茎の液を煮詰めて、砂糖を作る。

ペッチャブリーのトンターン農園、スワン・ターン・ルン・タノーム（สวนตาลลุงถนอม）。

花茎の切り口に竹筒を吊るすパーさん。

ねっとりタイプのナムターン・タノート。

容器に入れて固めたタイプ。

83

ต้นตาล
トンターン 🛍️ 🛺

中部／ペッチャブリー

いろいろな食べ方で楽しむオウギヤシ

　トンターン（オウギヤシ）の砂糖がおいしいと82ページに書いたが、砂糖にする前のジュースも飲むことができる。特に3、4月の暑い時期が旬で、ペッチャブリー県の幹線道路沿いの店や屋台には砂糖ジュースの瓶がたくさん並ぶ。ペッチャブリーでなくても、この時期は全国の市場で見かけることができる。

　ジュースは透明な黄金色をしていて、サトウキビジュースのように甘いがくせはない。砂糖を作るくらいだから甘いのはあたりまえなのだが、天然の甘みなので、いつまでも口の中がべとべと甘ったるいことはない。氷を入れるとちょうどよく、それこそスポーツドリンクのように疲れた時や暑い時の水分補給にぴったりだ。飲むと身体にエネルギーがみなぎってくる。

　トンターンの実は黒っぽい色をしていて、中の果肉（胚乳）も食べることができる。殻を割ると中には柏もちサイズの果実が1～3個入っている。皮がついているのでそれをむき、中の乳白色の半透明な果肉を食べる。実は「ルーク・ターン」と呼ばれ、そのまま果物として食べてもいいし、スライスして氷入りのシロップに入れればスイーツになる。しっかりした弾力とつるんとした喉ごしが人気で、特に3、4月は全国的に出回る。

　砂糖ジュースやルーク・ターンは時期になればタイ国内のどこでも食べられるが、名産地のペッチャブリーではこのほかにも、アイサクリーム・ナムターン・タノート（ヤシ砂糖のアイスクリーム）やアイサクリーム・ナムターン・ソット（砂糖ジュースのアイスクリーム）、アイサクリーム・カノム・ターン（カノム・ターン〈P.86〉のアイスクリーム）、ゲーン・フアターン（果実の上部を使ったカレー）なども食べることができる。ペッチャブリーへ行くことがあれば、これらも味わいたい。

　また、郊外にはスアン・ターン（トンターン農園）が何か所もあり、ヤシ砂糖やジュースを作っているところを見ることができる。有名なのは、スアン・ターン・ルン・タノーム（タノームおじさんのトンターン農園）(P.83)だ。市内から14kmほどのところにあるので、近くまで行くことがあれば立ち寄ってみては。

左・トンターンの実。／下・外側の殻を割ると中にこのような果肉(胚乳)が入っている。まわりの薄皮をむいて食べる。

น้ำตาลสด
ナムターン・ソット

トンターンの花茎から採った液を加熱加工したジュース。さわやかな甘さ。

ลูกตาลลอยแก้ว
ルーク・ターン・ローイケーオ

皮をむいたルーク・ターンを氷入りのシロップに入れたひんやりスイーツ。

ขนมตาล
カノム・ターン
中部／ペッチャブリー

鮮やかな色と香りのもっちりスイーツ

　トンターンの実(P.84)はフルーツとして食べるのが一般的だが、熟し度合いによって驚きの食べ方がある。実が若い時は、殻を割って中のぷりっとした果肉を食べるが、熟した実は、なんと「殻」の部分をお菓子作りに使うのだ。

　実が木から自然に落ちた時がちょうど食べ頃。この頃になると、中の果肉が周囲に溶け込んでいて、殻を割ると黄橙色の繊維が顔を出す。鮮やかな色もそうだが香りも強く、割いたそばから甘い香りを放つ。フルーツ系のガムのようなはっきりした香りだ。

　これが「カノム・ターン」という蒸しパンのようなお菓子の原料になる。一見、繊維だけだが、それを水の中でもみこむと、繊維についた果肉が少しだけ採れる。それをお菓子に使うのだ。いったい誰がこれを食べようと思ったのか。その発想力に驚かされる。

　カノム・ターンを作って卸しているペッチャブリー県出身のヨーティン・ナームアンさんとタンナリーさんご夫妻に作り方を教わった。彼らはもともとペチャブリーの名産品を各地のイベントで売っていたが、バンコクの物産展で「おいしいカノム・ターンってないよね」という声を耳にする。ペッチャブリーの名誉挽回のため、自分たちでおいしいものを作ろうではないかと、家族に伝わるレシピを改良したのだとか。

　材料はシンプルで、熟したトンターンの実、上新粉、砂糖、ココナツミルク、塩。以前は、石臼で米を粉にしたり、ココナツミルクを搾ったり、生地を1000回(約30分)手でこねたり、生地を太陽に6時間あてて自然発酵させたり、手間ひまかかるお菓子だったという。現在は、適宜機械を使ったり、ベーキングパウダーを加えたりなど改良しているが、手間をかけるのは同じ。一つひとつていねいに作っている。手で練るたびにトンターンの鮮やかな黄色が粉を染めていくのも美しいが、蒸し上がりまでその鮮やかさを失わないのにも驚く。

　蒸し上がると上部がきれいに割れる。できたては蒸しパンよりもっちりしていて、香りがふわっと鼻に抜ける。冷めると今度は濃厚な香りが口の中に広がる。

　トンターンの実を余すところなくいかすタイ人の知恵に脱帽だ。

カノム・ターンの作り方

1 熟したトンターンの実に切り込みを入れて手で割く。
2 水の中でもみながら果肉を採る。
3 布の袋に入れてひと晩吊るし、水分を除く。

4 水分が取り除かれて残った果肉。
5 上新粉やココナツミルクなどを加え混ぜて約30分練る。
6 生地を1〜2時間ほどねかせた後、器に流し入れる。

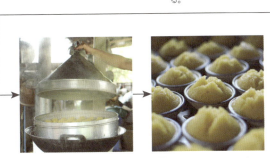

7 最初の10分は強火、そのあと弱火にして、合計20分ほど蒸す。
8 蒸し上がると、花が咲いたように上部が割れる。

ヨーティンさん(右)とタンナリーさん(左)ご夫妻。

ขนมผิง
カノム・ピンほか
中部／バンコク

ポルトガルから伝わったタイ・スイーツ

　複雑な味が絶妙にからみ合うタイ料理は世界中の人を魅了しているが、「カノム・タイ（タイのお菓子）」とくるとなぜかほとんど話題に上がらない。だけど、もち米系やカリカリのスナック系、揚げもの系、汁もの系など、タイのお菓子はバラエティーに富んでいて、その数ざっと100種類以上！　タイ・スイーツは奥が深いのだ。

　お菓子はスコータイ王朝時代（13～15世紀頃）から作られていたという記録が残っているが、当初は王室用や祭り、仏教行事の時に限られていた。アユタヤ王朝時代（14～18世紀頃）になると、市場で普通にお菓子が売られるようになる。ポルトガル人の女性、マリー・ギマルド[※]が王室にさまざまなお菓子を教えたことで、一気にタイ菓子のバラエティーが広がったのもこの頃だ。

　それまでは、もち米に砂糖を混ぜてゆでたり、蒸したりするだけという簡単なものだったが、マリー・ギマルドによって卵を使ったり、焼いたりするという技法が入ってくる。市場を歩いていて、タイ・スイーツ売り場に洋菓子のようなものを見かけることがあるが、意外や意外、それがポルトガルの影響を受けたお菓子だったりするのだ。それらは、牛乳の代わりにココナツミルク、卵はあひるの卵、砂糖はヤシ砂糖、小麦粉は上新粉や白玉粉、バニラエッセンスはバイトゥーイ（P.98）をそれぞれ代用するなど、タイの風土に合わせて変化しているのもおもしろい。ポルトガル生まれで日本にもある卵ボーロ（カノム・ピン）にはココナツミルクを使い、鶏卵素麺（フォーイ・トーン）にはジャスミンの香りをつけるなど、タイならではの味わいになっている。

　ポルトガルとタイの関係についてもっと知りたかったら、バンコクのトンブリー地区クティージーンへ行ってみよう。チャオプラヤー川沿いのこの地域は、18世紀後半にポルトガル人と中国人が住居を構えた場所。今も中国のお寺やポルトガル人が建てた教会が残っていて、細い路地にはポルトガルの歴史を伝える博物館やポルトガルの焼き菓子を売る店、ポルトガル料理のレストランなどがある。ワット・アルン（暁の寺）から2kmほどなので、観光コースに入れてみてはいかがだろうか。

[※]ナーラーイ大王の治世（1656-1688年）に仕えたギリシア貴族、コンスタンティン・ファルコンの妻。夫が処刑された後投獄されたが、後に王宮でお菓子を教える。日本人とポルトガル人のハーフ。

ทองหยอด トーン・ヨート　ฝอยทอง フォーイ・トーン　ทองหยิบ トーン・イップ

形は違うが、いずれもあひるの卵黄をシロップでゆでた甘いお菓子。「金（トーン）」という名がつき縁起がいいので、結婚式などのお祝いの時に出される。

ขนมกุฎีจีน カノム・クティージーン

小麦粉、砂糖、卵だけで作る素朴なお菓子。一見マドレーヌのようだが、しっとりというより、もそっとした食感。

ขนมผิง カノム・ピン

ココナツ風味の卵ボーロ。日本のものより硬いが口の中ですっと溶ける。

サンタクルス教会
(วัดซางตาครู้ส / Santa Cruz Church)

1770年にポルトガル人によって建てられた教会。ともに戦いビルマ軍を退けたことから、トンブリー王朝が教会を建てることを許可した。火事などにより何度か修復し、現在の形になったのは1916年。

มะพร้าว
マプラーオ[ココナツ]

全国

1つのココナツで3つの味

　伝統的なタイ・スイーツはごく身近にある食材で作られているので、思い立ったら作れるものが多い。庭からバナナとヤシの実を採ってくればバナナのココナツミルク煮ができるし、もち米と一緒に蒸せばちまきのようなものができる。

　食材の中でも要になるのがココナツ。実はこのココナツ、熟し度合いによって食べ方が3通りあるのをご存知だろうか。

　まずは、若い緑色のヤシの実「マプラーオ・オーン」。いわゆるココナツジュースとして飲むのはこれだ。ジュースはほんのり甘くて、天然の点滴といわれるくらい栄養分が高い。内側の果肉はやわらかく、タピオカや白玉のデザートに入れたり、アイスクリームのトッピングにしたりする。

　もう少し熟したものは、「マプラーオ・トゥントゥック」と呼ぶ。緑色の殻に少し茶色が混ざってくる頃。内側の果肉は1cm前後の厚みになっている。香りが良く、果肉に脂肪分もあるので、ココナツの具が入ったお菓子はたいていこれを削って作っている。

　そしてさらに熟したものは、「マプラーオ・ハーオ」といい、中の果肉がさらに分厚く、脂肪分も高くなっている。この果肉を削って搾ると、真っ白で濃厚なガティ（ココナツミルク）ができるのだ。ココナツミルクには一番搾りと二番搾りがあり、削ったココナツにお湯を少しだけ混ぜて搾った濃い一番搾りは「フア・ガティ」。再びお湯を足して搾った二番搾りは「ハーン・ガティ」と呼ばれる。タイ料理には両方必要で、カレーのペーストを炒める時や最後の仕上げの時、お菓子のソースには風味が良く濃厚な一番搾りを、ベースになるスープには二番搾りを、と調理過程や用途で使い分けている。

　ココナツを削る道具は2種類あり、やわらかい果肉をそぐ時は、波状になった丸いナイフを使う。ココナツミルクのために削る時は、量が多いので椅子スタイルの削り器が重宝される。細長い小さな椅子の端にギザギザの刃がついていて、腰かけて果肉を削るのだ。現在はココナツを自分で削る人は減り、ココナツミルクは缶詰やパックのものが主流になっているが、市場ではまだ搾りたてを買うことができる。搾りたては風味も甘みも別物だ。

若い実マプラーオ・トゥントゥックの果肉は、波状の丸ナイフで削る。

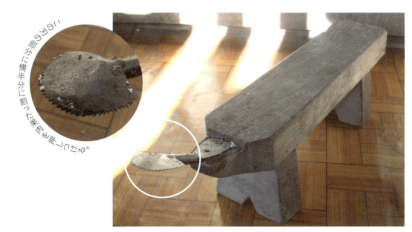

ぐるりと横半分に割った果皮を固定。

熟した実の果肉を削るための道具。平らな部分に座り、実を上下に動かすように削る。

ココナツミルクを搾るために削った真っ白なマプラーオ・ハーオの果肉。

โรตีสายไหม

ロティ・サーイマイ 🛍

中部／アユタヤ

シルクの糸を食べちゃう!?

　アユタヤ県に行くと、町を歩いても国道を車で走っても、いたるところで「ロティ・サーイマイ」と大きな看板を出した店を見かける。台の上にはビニール袋に入った細い繊維状のものが入っていて、店によってそれが黄緑色だったり、ピンク色だったりする。色や香りをつけているのだ。

　これはアユタヤ名物で、タイ版綿あめ的なお菓子だ。とはいえ、同じ砂糖から作られているけれど、形状はまったく別もの。ロティ・サーイマイ・メーポーム店に作り方を見せてもらったが、サーイマイは砂糖と水を煮詰めてべっ甲あめ状態にした後、油と粉を混ぜて伸ばし、さらに伸ばして、伸ばして作る。最初は金太郎あめを作っているように見えるが、みるみるうちに糸状になり、まるで黄金のシルクのよう。「サーイマイ（シルク）」という名がつくのもうなずける。

　できあがったものは、リカちゃん人形の髪の毛のようにしっかりしているが、口に入れると舌の上ですっと溶ける。雪が解けるように、またたく間に消えてしまう。そして、消える時にキャラメルの香りがふわっとし、まろやかな甘みが口に広がる。

　そのまま食べてもおいしいが、「ロティ」に包むのが正しい食べ方。ロティとはやわらかく丸い春巻きの皮のようなもので、店先でペタンペタンと生地を鉄板につけて焼いている。そこにサーイマイを好きなだけのせ、くるくるっと巻いて、ぱくっと食べる。少し塩けがきいた生地とサーイマイの相性は抜群で、1本、2本……、するするとお腹におさまってしまう。

　似たようなお菓子がインドネシアやベトナムにもあるが、ロティ・サーイマイはイランのパシュマックや、インドのソアン・パプディというお菓子の影響を受けたといわれている。一説には、サーイマイはイスラム教徒のバンピアさんという人がチョンブリー県に出稼ぎに行き、ロティ・グローブというお菓子にかけるシロップを煮詰めていた時に思いついたとか。

　アユタヤだけでなく、ときどきほかの県でも売っていることがあるので、「もしゃもしゃのシルクの糸」を目印に探してみて。

カラフルなサーイマイ。おすすめはオリジナルの茶色のもの。

サーイマイを好きなだけ包んで食べる。

ロティ・サーイマイの作り方

1　砂糖と水をキャラメル色になるまで煮詰め、水をあてて混ぜながら冷ます。

2　折っては伸ばしを何度もくり返し、輪の状態にする。

3　油と小麦粉を混ぜた液を加えてテーブルの対角線いっぱいに伸ばす。これをくり返すと糸状になる。

4　できあがったサーイマイを、ロティにのせて包む。ロティは常温で3日間、サーイマイは2週間ほど保存可能。

น้ำผึ้ง
ナームプン 🛍
北部

お土産に最適、フルーティーで甘〜いはちみつ

　タイでナームプン（はちみつ）の時期といえば、夏真っ盛りの3〜4月。乾季で雨が降らず、空気が乾燥していて、暑いと40℃を超える時期だ。その頃に採るはちみつが甘くて濃厚で最高においしいとされている。
　タイ産のはちみつはどこでも買えるが、とにかくいろいろな種類がある。スーパーや土産物店でも売っているし、はちみつ専門店もある。もちろん市場にも並んでいる。タイプもチューブタイプ、瓶、ボトルといろいろ。表記もそれぞれ違って、どれを買ったらいいのか迷う。どれもそれなりにおいしいし、値段も手頃だけれど、せっかく買うならぜひ「いちばんおいしいはちみつ」を選んでみてはどうだろうか。
　はちみつは大きくわけると3つの種類がある。
①巣箱をおいて養蜂したもの
②庭先などのいろいろな花から採ったもの
③森に棲む野生の蜂の巣から採ったもの
　①の養蜂のはちみつは、巣箱の中に巣枠と女王蜂を入れて、1年を通して蜂を飼育しているものだ。花の種類にはライチやひまわり、コーヒーの花などがあるが、とりわけ多いのがラムヤイ（龍眼／ロンガン）のはちみつだ。ラムヤイの花が咲く3〜4月に採蜜するはちみつは、甘みと香りがとても強いので有名だ。特に養蜂家さんから直接買うものは、市販品のものと比べものにならない濃厚な味と香りにびっくりする。というのも、市販されている養蜂のものは花が少ないと砂糖水を餌に与えることがあり、栄養分や香りが薄いことがあるからだ。
　採蜜する時期によって味が変わってくるので、絶対に旬のはちみつを食べたい！　という人は、あえて「5の月のはちみつ（น้ำผึ้งเดือนห้า／ナームプン・ドゥアン・ハー）」と表示されているのを買うといい。乾季の暑い時期にのみ採っていることを保証している。

②のはちみつは、タイ語で「森のはちみつ（น้ำผึ้งป่า／ナームプン・パー）」と呼ぶ。森といっても、家や農園のまわりに咲くさまざまな花から蜜を採取してくる蜂のはちみつだ。養蜂と野生のものがあるが、1つの花だけでないので、いろいろな味や香りが混ざりあい、フルーティーでまろやか。ラムヤイのはちみつのような濃厚さはないので、すっきりしたはちみつが好きな人におすすめだ。

　そして③も「森のはちみつ」と呼ばれている。でも②のはちみつと違ってこの「森」は本当の森、「ジャングル・ハニー」と言ってもいいような、いわゆる山奥の森で採蜜した天然のものだ。蜂はもちろん野生。体長3cmほどで気が荒く、森の中50m以上あるような木や岩場に大きな巣を作る。1年に1度、暑い時期に咲く花だけを食料にしているので、その間の1か月ほどしか採れない貴重なはちみつだ。リン、カルシウム、ミネラル、アミノ酸、抗酸化成分、ビタミンB、ビタミンC、ミネラルなどを多く含み、民族によっては薬にしているという。その時の森の花によって違うが、とても香りが良く、フルーティーなのが特徴だ。なめると喉が少しきゅっとする。

　一度ジャングル・ハニーの採蜜に連れて行ってもらったことがあるが、50m以上離れて見ていたにもかかわらず、はちみつハンターが巣を取ろうとすると怒った蜂の大群が私のほうまで飛んできた。もちろん網つき帽子もかぶっているし、長袖長ズボンでたいまつを持っていたが、手袋の上からぷすりと刺された。絶対に走って逃げてはだめと言われていたので、ブンブンと怒り狂った蜂に囲まれて30分ほど過ごした。その恐怖といったらもう！　それなのに、はちみつハンターは蜂に刺されながらも冷静に30mはある木の上で作業しているのだからあっぱれだ。

　その点、①と②の蜂はまだ穏やか。1cmちょっとの大きさで、顔のまわりをぶんぶん飛んでも、よっぽどのことがないと刺さない。知り合いの養蜂家さんに何度も巣箱を開けて中を見せてもらったが、網つきの帽子をかぶらなくてもほとんど問題ない。いずれにしても、走ったり、叩いたりせず、じーっとしていなくてはいけないが。

　これらのはちみつは、主に①と②の養蜂ものはスーパーやはちみつ店で、②の野生ものと③は市場で買うことができる。野生のはちみつはたいていタイウイスキーの瓶に入れてあり、ラベルなどなく、いかにも採ってきました！という見た目だ。非加熱なので上のほうに発酵した泡が浮いていて、ふたを開けるとプシュッと音がすることがある。買う時には香りをかいだり、味見したりもできる。ただ、「本物！」とうたって売られているものの、ときどき残念ながら砂糖と混ぜたものも売られている。本物かどうかの判断はかなり難しいので、疑うより自分が気に入ったら買う、それが正解でいいと思う！

5〜6mmほどの白い小さなラムヤイの花。チェンマイ県やランプーン県はラムヤイの産地。2月下旬頃から花が咲き出す。

ラムヤイの実。ロンガンやリュウガンとも呼ばれ、プルンとした果実はジューシーでとても甘い。

ラムヤイのはちみつができるまで

1　1つの箱に多くて8枚の巣枠が入っている。女王蜂は1箱に1匹。働き蜂が食料となる花粉や蜜を集めてくる。巣枠に煙をかけたあと、ブラシで蜂をはらう。

2　蜜ぶたをそぎ落とすと、透き通るようなキラキラのはちみつが！

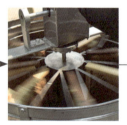
3　遠心分離器に巣枠を入れ、回転させると蜜が下部にたまっていく。

ラムヤイの木。

養蜂家のダラゴーンさん。

4　とろ〜りとしたはちみつを濾せばできあがり。

ジャングル・ハニーができるまで

1 まず蜂をはらうのに欠かせないたいまつを作る。

2 身支度は、手製の麻袋をかぶり手袋をつけ、ジャケットとズボンは3枚重ね。これでも刺される！

3 ビルの7、8階の高さはある木を登っていく。

4 蜂をブラシで払い、ナイフで巣をそぎ落とし、ドラム缶に入れて下ろす。

5 つやのある黄金のはちみつが滴り落ちる。野生のはちみつは、なめると喉がじんとするのが特徴だ。

珍味！蜂の子

栄養満点の蜂の子は、バナナの葉に包んで、蒸したり、焼いたりして食べる。薄い皮に包まれているので、口に入れると、最初ぷちっと弾け、やわらかいウナギのような食感の身が出てくる。はちみつがついているせいか、ほんのり甘い。特にくせがなく、蜂の子とわからなければ、パクパク食べられる。

左・バナナの皮に包み、炭火で焼く。／右・焼いた蜂の子。

ใบเตย, อัญชัน
バイトゥーイ、アンチャンなど
全国

色と香りの世界

　タイのお菓子を食べていると、不思議な味がする時がある。甘い香りだったり、さわやかな香りだったり、独特な香りだったりで、いったいこれは何なんだろう？　と思う。また、香りだけでなく、色が青かったり、紫だったり、緑色だったりで、合成着色料!?　と思うこともある。もちろん、合成の着色料や香料を使っていることもあるが、きちんと作っているものは自然のもので色や香りをつけている。

　たとえば、色でいえば緑色。タイのお菓子には緑色のものが多いが、それはバイトゥーイ（パンダンリーフ／パンダナス）を使っている。菖蒲のように長い葉を石臼でつぶし、出てきた緑色の汁を食材と混ぜて使う。香りもいいので、ハーブティーにしたり、ココナツミルクと煮たりする。お米のようなふんわりやさしい香りがする。

　また、青色を出すためにアンチャン（バタフライピー）という花を使うことがある。花をつぶすと群青色の汁が出るので、それをもち米や飲みものなどに混ぜる。香りも味もほとんどないので使いやすい。おもしろいのは、ライム汁を少し混ぜると紫色に変色すること。レストランで紫色のライムジュースが出されてびっくりすることがあるが、アンチャンとライムを混ぜている。

　香りづけには、前述のバイトゥーイのほか、ジャスミンやイランイランなどの花を使う。水に浮かべてシロップを作ったり、カーオ・チェー（P.54）に浮かべたりする。また、バナナの葉もよく使う。直接汁を搾ることはないが、お菓子を包んで蒸したり、焼いたりするので、素材にバナナの葉の良い香りがつく。

　そしてタイらしい香りといえば「ティエン・オップ・カノム」という特別なろうそく。ろうそくといっても、原料ははちみつや砂糖、コブミカンの皮、樹皮、ナツメグなどで、それをみつろうに練りこんで作る。U字形の両端の紐に火をつけて使う。火を消すとモクモクと甘い香りの煙が出るので、それを焼き菓子やココナツミルクなど、香りをつけたい材料と一緒に容器に入れ、ふたをして数時間おく。こうすることで複雑な香りがお菓子につくのだ。タイ人にとっては「これぞタイ!」という香りだが、残念ながら外国人には苦手な人も多い……。

バイトゥーイで緑色をつけたお菓子ロートチョン。

バイトゥーイ。

左・アンチャンで色づけした麺とドリンク。／上・アンチャンの花。

お菓子用のろうそくティエン・オップ・カノム。両端に火をつけて使う。

กาแฟ
カーフェー［コーヒー］
北部／チェンマイなど

香りの良いタイ産の一杯

　タイの町を歩いていると、カフェの多さにびっくりする。特にチェンマイはカフェホッピングに最適。おしゃれな内装だけでなく、豆の産地を選び、自ら焙煎し、味にこだわって淹れる店が増えている。ここ最近はコーヒーを注文すると、「浅煎りにしますか？　中煎り？　それとも深煎りがいいですか？」と焙煎まで選べるのが普通になっている。

　今は屋台でさえ、どんな田舎に行っても「フレッシュコーヒー」という看板があり、(おいしいかは別だけど)挽きたてのコーヒーを飲める。コーヒーをホットで、しかもブラックで飲む人が増えるなんて、二十数年前は想像もつかなかった。その頃はまだインスタントか布でだす深煎りコーヒー＋コンデンスミルク＋砂糖＋氷の激甘アイスコーヒーが主流だったからだ。ちゃんとしたコーヒーが一般的になったのはこの15年ぐらいだろうか。

　タイにはじめてコーヒーが入ってきたのは1904年。イスラム教徒のディー・ムンさんがサウジアラビアのメッカに行った時にコーヒー豆を持って帰ってきてソンクラー県に植え、南部に広まったといわれている。この時持ち帰ったのは、酸味が少なく、苦味があるロブスタ種。風味が変わりにくく、インスタントコーヒーや缶コーヒーなどに最適な品種で、今もチュムポン県で多く栽培されている。

　かたや現在カフェで多く使われているアラビカ種はコクと香りが良いのが特徴だ。1950年頃にイタリア人が持ち込んだといわれ、1973年にはアヘンの代替作物として北部で栽培されるようになった。北部は山がちで標高が高く、日中と夜の寒暖差がコーヒー栽培に適しているのだ。

　タイ人のコーヒーへの探求心は深く、最近では、○○山のコーヒーといったシングルオリジン(ほかの地域の豆と混ぜない)をうたっているだけでなく、精製方法もウォッシュド、ハニー、ナチュラル、焙煎は浅・中・深煎りなどと細密化してきている。コーヒーにこだわっている店だと、客の好みに合わせて豆を選んでくれるので、何がいいか迷ったら店の人に相談しよう。詳しく説明してくれる。ちなみにフルーティー(酸味が強め)が好きな人は浅煎り、それ以外は中・深煎りを選ぶといい。

1 コーヒーの実。11月〜1月頃に熟してくる。濃いワインレッド色が収穫に最適で、食べると甘い。

2 洗った後、機械で皮をむき、ひと晩から二晩水につける。

3 1週間〜1か月ほど天日干しする（日数は天気次第）。夜は夜露にあてないようカバーする。

4 乾燥させた豆。6〜7か月ぐらい熟成させる。

5 焙煎するとコーヒーの香りが出てくる。

โกโก้
コーコー[カカオ]
全国

次にくるのはカカオブーム!?

　コーヒーブームに続いて、ゆっくりだがカカオにも動きが出てきた。濃厚なチョコレートドリンクやチョコレートを提供する店が次々と登場してきているのだ。厳選したカカオ豆を使い、自身で焙煎し、ペースト状にし、味つけ……と、豆からチョコレートバーになるまで、すべての工程を独自に行う「ビーントゥーバー (Bean to Bar)」、いわゆるクラフトチョコレートを手がける店が出てきている。その中には、グリーンカレー味やトムヤム味、ドリアン味などとタイらしい味を再現し、世界的なチョコレートコンテストで入賞しているところもいくつかある。

　タイにはじめてカカオが入ってきたのは1903年、ボルネオ島からだ。1972年にはマレーシアからも持ち込まれ、主に南部で実験が行われ、少しずつカカオ栽培が全国に広まっていった。

　ちなみにチョコレートになる部分はカカオの種。ラグビーボールのようなカカオの実を割ると、中に白い果肉に包まれた種が入っている。それを発酵させて天日干しし、焙煎するとカリカリのカカオニブができる。ここまでくると甘い香りがしてまさしくチョコレート！　なのに食べてびっくり、苦いのだ。昔は薬として利用されていたのもうなずける。抗酸化作用が高いポリフェノールが含まれ、健康にいいことから日本でも人気だ。だけど、カカオニブはカカオ成分が100％。チョコレートにするには、これをつぶして砂糖や粉ミルクを入れないといけない。

　南部のナコン・シータマラート県にはパラダイ (PARADAi)、チェンマイ県にはカンウェーラー (KanVela)、欧米人が手掛けるサイアマヤ (SIAMAYA) やスクガ (SKUGGA) などといった、チョコレート専門店が各地に増えてきていて、併設のカフェでは生チョコやドリンク、ケーキなどを味わえる。板チョコも本格的なダークチョコレートからタイらしい味まであるのでお土産にも喜ばれる。店によってはチョコレート・ワークショップを行っているので、興味がある人は参加してみるのも楽しいだろう。

　カカオ栽培がもっと盛んになれば、コーヒーのように「チェンライ県〇〇山のカカオ」というように全国のシングルオリジンのチョコレートを楽しめるようになるだろう。今後のタイ産カカオの発展に期待したい。

上：カカオの木と実を割ったところ。実は黄緑色やワインレッド色などの品種がある。中：カカオ豆を乾燥させたもの、煎ったもの、殻をむいたカカオニブ。下：チョコレート専門店には唐辛子やドリアンなどタイらしい味のチョコレートがたくさんある。

วานิลลา
ウァニラー[バニラ] 🛍
北部／チェンライ

甘～い香りの「森の宝石」

　コーヒー、カカオに続き、バニラ熱も一部で高まっている。もともとタイのものではないが、40年以上前に実験的に持ち込まれた。チェンライ県ドーイトゥンでバニラ農園を持っているアカ族のチャイヤーさんは、2005年に1300本の苗から栽培をはじめた。バニラを見たことも香りをかいだこともなかったので、ネットなどを見ながら独学で育て方を学び、現在は奥さんと2人でバニラの世話をしている。

　チャイヤーさんがバニラを育てているのは標高500mほどの山の中。バニラはラン科の植物で、湿度と暑さを好み、つる状になってのびる。チャイヤーさんのところは日中30度を超えるので問題なく育てられるという。森の木に巻きつきながらのびているので、バニラと言われないとわからないくらい自然に溶け込んでいる。

　バニラ栽培は肥料と水を与えていれば、それ以外あまり手間はかからないという。ただし、花を咲かせる2月頃は一つひとつ手で受粉をしないとならず、しかも午前中に作業を終わらせないと実にならないという性質を持つので、家族総出で森を歩き回るそうだ。受粉が終わるとインゲンのような実ができ、収穫するまでに9か月ほどかかる。実の下部がうっすら黄色くなったら収穫の合図だ。

　その後グレード別に分けてから、65〜70度のお湯で数分煮て、布に包み二晩ほどおく。さらに日中は天日干しし、気温が下がる前に布で包んで保温し、また翌日干し……という作業を実が完全に乾燥するまで数か月続ける。山の日照時間は短いので、平地より時間がかかるそうだ。

　日に日に実の発酵が進んで色が濃くなり、シワが出てくると、ふわっと甘い香りがしてくる。それはそれはもう至福の世界だ。ここにいたるまで手間と時間がかかっているので、A級品になると1本200バーツにもなるとか！　「グリーンダイアモンド」と呼ぶ人がいるのもわかる気がする。

　タイ産バニラはまだそんなに出回っていないが、バンコクやチェンマイの王室系ショップ、ロイヤル・プロジェクト・ショップ（Royal Project Shop）で購入できる。

天日干ししているバニラビーンズ。水分量が15〜30％になればOK。15cm以上はA級品。

左・バニラはつる状にのびていく。収穫時期は11月頃。少し黄色くなったものから収穫する。／下・バニラ農園で作業をするチャイヤーさん。

105

เมี่ยง
ミヤン
北部

「食べる」発酵茶

　タイ人はお茶を飲むだろうか？
　一般論でいうと「ノー」だ。会社や家にお邪魔した時に出される飲みものは、ほとんどの場合が冷たい水で、お茶を飲むのは中国系の人や山岳民族くらい。だけど「発酵茶」となると話は別で、昔から嗜好品とされている。ただし、発酵茶といっても、お湯で淹れるのではなく茶葉を食べる。茶葉を蒸してから発酵させたものを、食後の口直しや口寂しい時に茶葉をひとつまみちぎって塩や生姜と一緒に口に入れ、もぐもぐかむ。そのまま口に入れておき、ときどきかんで汁を吸ったりして味を楽しむ。しばらくかんだら、捨てるか飲んでしまう。
　独特の酸味と渋味があり、まるでタバコの葉と発酵しすぎた高菜漬けを口に含んでいるような、なんともいえない不思議な味だ。
　この発酵茶は「ミヤン」と呼ばれ、お茶を意味する「茗」が語源といわれていて、中国雲南省やミャンマーのシャン州、北ラオス、北部タイで食べられている。タイでは発酵茶もその木のことも「ミヤン」と呼んでいる。
　茶の木は大きく分けると中国種とアッサム種があり、中国茶や日本茶などは前者でミヤンは後者。中国種は日本の茶畑のように低く剪定されたお茶の木だが、ミヤンは森に生えている。大人の背丈よりも高く、茶の木と言われてもきっとわからないだろう。成長が遅く、腕の太さほどでも樹齢100年を超えていて、樹齢が高いほど味に深みが出る。樹齢1000年という木もあり、良質なものはプーアル茶に適しているそうだ。
　民族によっては、ミヤンの葉を乾燥させお湯を注いで飲んでいるが、北部タイの人は発酵させてから食べることがほとんど。日本人がお茶を飲む感覚で、地元の人は脂っこいものや辛いものを食べた時、眠気覚ましに、友達とおしゃべりしながら……と口に入れている。
　もっとも今では若者は食べず、年配の人の嗜好品とお供え用になってしまっている。ただ、バナナの葉で四角く包んだ「ミヤン・ソンクルアン」というひと口サイズのものは、煎ったココナツ、ピーナツ、砂糖などで甘く味つけされているのでおやつとして需要があるという。市場で売られているのでお試しあれ。

ミヤンの葉。5cm以上の若葉を、ぷちぷちと手で先端をちぎるように摘む。

蒸してから発酵させる。1週間ほどで食べられるが、数か月おくと酸味が出てくる。

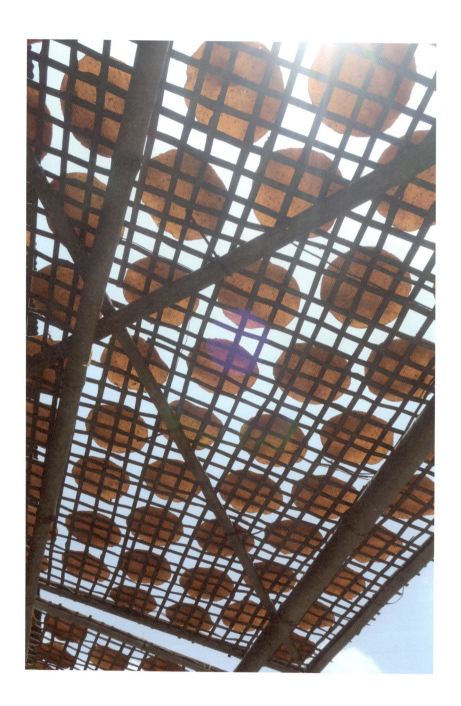

祭りと行事のごはん

หมรับ, ขนมหวาน 5 ชนิด
マラップと5つのお菓子 🛍

南部／ナコン・シータマラート

お菓子を先祖とお化けに供える!?

　雨季の終わり頃になると、タイ南部で「10月祭り」(ンガーン・ドゥアンシップ งานเดือนสิบ／ワンサート・タイ）がある。10月といっても、陰暦なので実際に行われるのは9月だ。

　満月が欠けはじめる頃（陰暦10月1日）にあの世の扉が開かれ、1年に1度先祖たちが戻ってくると信じられている。2週間こちらに滞在し、新月になる頃（陰暦10月15日）にあちらへ帰っていく。いわゆる日本でいうお盆のようなものだ。大切な行事なので、この時期になると帰省する人も多く、家族・親戚一同が集まる良い機会となっている。

　そして、先祖だけではなく、地獄からはピー・プレートというお化けも戻ってくるというからちょっと怖い。ピー・プレートは建物のように背が高く、首は長く、目はくぼみ、骨と皮だけでガリガリに痩せていて、血も通っていない。口は針のように細く、血と膿を好んで食べるお化けだ。誰も見たことはないが、このようにいわれていて、犬が吠えるとピー・プレートがいると信じている人もいるとか。

　そのピー・プレートも1年に1度、先祖たちと一緒に（中にはピー・プレートになった先祖もいるだろうが！）この世に帰ってくる。だから、この世にいる人たちが先祖とピー・プレートのために、お菓子やご飯をお供えするのだ。そうすることで、徳を積むことができるという。

　行事のメインは、先祖を送り出す前の3日間（陰暦10月13〜15日）。市場に買いものに行ったり、お供えするお菓子やご飯を作ったり、お寺に参拝したりする。この行事に欠かせないのが、お供えものの「マラップ」。三角錐の仏塔の形をしていて、中には米や塩、砂糖、ろうそく、かみたばこ、食器、お菓子などが入っている。特筆すべきことは、このマラップがすべてお菓子でできていること！　仏塔の部分は「カノム・ラー」というお菓子で作り、その表面をドーナツやお焦げのようなもので飾りつける。まるでお菓子の家！　いや、お菓子の仏塔だ。

　お菓子は必ず5種類お供えすることになっていて、それぞれ意味がある。た

とえば、あの世で着る洋服の代わりに「カノム・ラー」を、あちらへ行く舟の代わりに「カノム・ポン」を……という具合にだ。

　お菓子で作ったマラップをお寺に持っていくのが、最終日（陰暦10月15日。お寺によっては、14日）。先祖とピー・プレートがあの世に戻る日なので、本堂にマラップを供える。さらにそれとは別に、外にも台が設置され、参拝者がこちらにも同じようにお菓子や乾物、小銭などを置いていく。台はみるみるうちにお供えものが山になっていくが、実はこれ、ピー・プレートへ供えるための台なのだ。

　この行事の見どころは、マラップも魅力的だが、もっと面白いのがこの台。読経が終われば、誰でも好きなだけその台のものを持って帰っていいことになっているのだ。だから、読経の間中、お祈りもそっちのけで子どもたちは欲しい食べものの前に陣取ってそわそわしている。微笑ましいが、大人も子どもに負けず、前へ前へと割り込んでくる。読経が終わる頃には、台の周囲は黒山の人だかり。特にお金が置いてあるところは大人気だ。合図とともにみんなが一斉に我先にとお金や食べものを奪い合う。欲丸出しの姿はまるでこの世のピー・プレート！　この行事を別名、「チン・プレート」（プレートの奪い合い）と呼ぶのも納得だ。面白いけれど、欲望に満ちていて正直ちょっと怖い……。

お菓子の仏塔とお化けのパレード

　10月祭りは南部の伝統的な行事だが、それを大きなイベントにしたのがナコン・シータマラート県だ。1923年に公務員が集まる建物を建て直すための費用を工面するために、イベントを開催したのがはじまり。現在でも市内中心部のナームアン公園にはナンタルン（影絵）や南部舞踊マノーラーなどのステージが設置され、食べ物の屋台がずらりと並ぶ。タイ政府観光庁前では、マラップ作りなどの実演もあり、家族連れや友だちグループなどで夜まで賑わう。

　陰暦10月14日の午前中には、街のメインストリート、ラーチャダムヌン通りでパレードがある。南部の衣装に身を包んだ人たちやピー・プレートに扮した人たち、巨大マラップの神輿などの行進があり、沿道にはそれを見ようと大勢の人がくり出す。

左・大きなマラップの山車のパレード。／右・ユネスコ無形文化遺産に登録されているタイ南部の舞踊マノーラー。

さまざまなお菓子で飾りつけて「お菓子の仏塔」を作る。

既製品のマラップを買ってお供えする人もいる。中には米や塩などいろいろ入っている。

背が高く、首は長く、ガリガリに痩せているお化け、ピー・プレート。

ขนมลา
カノム・ラー

布を模していて、先祖があの世で着られるように供える。マラップの土台にする。

ขนมบ้า
カノム・バー

昔、タイ正月で投げて遊んだサバーという木の実を模している。もっちり、しっかりした生地。

ขนมพอง
カノム・ポン

米を揚げたお焦げのようなもの。先祖が海を渡るいかだを模している。

10月祭りに欠かせない5つのお菓子。多くは上新粉や白玉粉、卵、ヤシ砂糖などでできている。

ขนมดีซำ
カノム・ディーサム

お金やイヤリングを模している。

ขนมไข่ปลา
カノム・カイプラー

中に緑豆餡が入っている。指輪やブレスレットなどの装飾品の代わり。

113

ข้าวต้ม
カーオトム 🛍
中部／サラブリー

大量の*ちまき*が空を飛ぶ

　タイの雨季は3か月ほど続くが、その雨季が明けるのが暦上で陰暦10月の満月の日（オークパンサー／出安居[※]）だ。その翌日はお釈迦さまが天界から地上に戻ってこられると信じられていて、それを盛大に迎えるべく、お寺によっては「タクバーツ・テーウォー」という行事が行われる。

　行われるお寺は全国にあり、大勢の僧が列をなして托鉢（タクバーツ）をするので、人々がお供えの花や食べものなどを持って集まる。特に小高いところに建つお寺は、本堂までの長い階段から僧たちが下りてくる様子がお釈迦さまが天界から下りてこられるのと似ているので、この行事をする傾向がある。

　その中でも変わっているのが、サラブリー県の行事、「プラペニー・タクバーツ・カーオトム・ルークヨーン（ประเพณีตักบาตรข้าวต้มลูกโยน）」だ。昔からこの日はどこでも「カーオトム（ちまき）」を作ってお供えしているが、サラブリーではなんと人々が托鉢の鉢にむかってカーオトムをびゅんびゅん「投げ入れる」のだ。

　由来は、お釈迦さまがせっかく地上に戻ってこられるのに、遠い人は行くことができないうえ、近くまで行けたとしても人が多くて鉢に手が届かない。それなら、カーオトムを投げ入れよう！　とはじまったといわれている。この投げ入れるスタイルは一度はすたれてしまったが、それを15～6年前に復活させたのが、ノーンプラーライ郡のプラプッタチャーイ寺だ。

　ピンポン玉ほどのカーオトムは、投げ（ヨーン）やすいように長い尻尾がついているのが特徴だ。そのため、「カーオトム・ルークヨーン（投げちまき）」と呼ばれている。ココナツミルクと砂糖でもち米を炒めたものを、ラーンの葉（ヤシの一種）で包み、紐でギュッと縛って、30分ほど蒸して作る。行事の前日には寺の境内でカーオトムが作られ、翌日に販売される。当日は、パレードの後、寺の周りを大きな鉢をのせた山車が練り歩く。すると、待ってました！　とばかりにあちらこちらからびゅんびゅんとカーオトムが飛んでくる。みんな勢いよく投げるので、鉢を通り越して反対側にいってしまうことも多く、身体に当たるとずーんと響く。鉢の周りにハヌマーンという猿が4匹立っているが、節分の豆を浴びる鬼より痛いかも！

[※]陰暦10月の満月なので毎年変わるが、たいてい10月。

左・投げやすいよう長い尻尾がついたカーオトム。／下・カーオトムの中にはバナナや豆を入れることもある。

ハヌマーンがいる山車の鉢に向かってカーオトムを思いっきり投げる。

115

ลาบ

ラープ

北部／チェンマイなど

スパイシーな生肉、いただきます！

　北部では、お祝いごとの時や仲間が集まった時に「ラープ」をよく作る。「ラープ（＝細かく刻む）」が「幸福や財産がいっぱい」という言葉と発音が似ていることから、縁起の良い料理として新築祝いや結婚式などでよく出される。特にソンクラーン（タイ正月／４月13〜15日）には、隣近所が集まって作ったり、ラープ・コンテストなんてものも開かれたりする。

　ラープは肉をぜいたくに使うことから昔はごちそうとされ、お客を家に招待した時や行事を手伝ってくれた人に感謝を表すために出されたという。ラープをよくごちそうする人やよく食べる人は金持ち、逆に祝いの席でラープをふるまわない人はケチ、という認識があったので、だいたいどの行事にもラープが出された。

　この料理はまず、豚肉や水牛の肉のかたまりをミンチにするところからはじまる。率先するのはだいたい男性陣。まな板の上に肉を置き、長い包丁でトントンとリズミカルに叩いていく。ときどき生の血も混ぜながら、細かく細か〜くする。

　その横ではスパイスを用意する人、ハーブを刻む人、にんにくを揚げる人などがいて、みんなでお酒を飲んでおしゃべりしながらワイワイと作る。

「ラープ」といえば、イサーンのもの[※]が有名だが、北部のものはより香辛料がきいている。かめばかむほど味が出てくるような、そんなしっかりした味が特徴だ。そして何よりもびっくりするのが、「生」で食べるということ。鮮血を混ぜながら肉を細かく刻んで、ゆでた内臓とスパイス、ハーブとからめ、そのままパクッと口に入れてしまうのだ。

　豚肉を生で食べられるの!?　と驚くが、ネギトロのようにねっとり、舌の上にひんやり冷たく、香辛料とハーブの混ざり具合が絶妙。北部風タルタルステーキと思えば意外といけるけど、寄生虫を恐れて食べない都会っ子もいる。

　生のラープ「ラープ・ディップ」は人気があるが、それはちょっと……という人は、炒めた「ラープ・クア」もある。こちらはさらにパンチがあり、もち米がすすむ。（そしてかなり辛い！）北部の食堂や市場では、ディップもクアも売られているので、興味がある人はぜひ食べてみて。お金がざっくざっく入ってくるかもしれない。

［※］イサーンのラープは、ゆでたひき肉をライムや唐辛子、煎った米などと混ぜた料理。

上・生のラーブ「ラーブ・ディップ」。生の野菜やハーブと食べる。／左・細かく細かくネギトロ状にするのがおいしさの秘訣。

ラーブ・コンテストの様子。音楽に合わせて踊りながら楽しく作る。チェンマイ県。

ข้าวหลาม
カーオラーム 🛍
北部

お供えは竹香るみずみずしい新米

　北部の主食はもち米だが、収穫したばかりの新米を供える行事が北部タイにある。「プラペーニー・ターン・カーオジー&カーオラーム（ประเพณีทานข้าวจี่ข้าวหลาม）」という行事で、北部ラーンナーの暦で4月の満月（1月頃）に行われる。ちょうど稲刈りが終わってひと息ついた頃で、自分たちが新米を食べる前にカーオジーやカーオラーム、新米（うるち米、もち米）、お菓子、果物、線香、花などをお寺に持っていき、神さまや僧侶、先祖たちに供えるのだ。

　カーオジーとは日本でいう焼きおにぎりのようなもので、カーオラームは竹にもち米をつめて蒸し焼きにしたもの。お供えは新米を使っていればお菓子でも料理でもなんでもいいが、カーオラームを作る人が多い。

　カーオラームには甘いタイプとプレーンタイプがある。甘いタイプはココナツミルクと砂糖で味つけし、小豆や黒豆、ごまなどを入れてある。おやつとして食べられ、北部以外でも売られている。プレーンはもち米を炊いただけなので、食事として食べられる。いずれも竹にもち米と水を入れて蒸し焼きにするが、炊きあがった時もち米にぴったり薄皮がつく特別な竹を利用する。竹の外側の硬い部分を割って中の皮をむくと、さらに中に薄い皮があり、それがうまい具合に米をおおうので、べたつかずそのまま皮ごともち米を食べられるのだ。

　前日になると、山からこの特別な竹を切ってきて準備をはじめる。もち米をひと晩水につけ、早朝まだ日が昇る前に火を起こし、竹に米と水を入れる。あとはヤシの殻やバナナの葉を詰めてふたをし、じっくり焼くだけ。火力を調整しながら焦げないようときどき回しつつ、蒸気が落ち着くのを待つ。

　できあがる頃には日が昇るので、シャワーを浴び、正装して、ほかのお供えと一緒にお寺に持って行く。多めに作るので、お寺に供えた残りは近所の人と交換して食べるが、この新米のおいしさといったらもう！　新米のみずみずしさに竹の香りが加わり、ところどころにお焦げのようなものもできて、おかずも何もいらないごちそうだ。

　きっと神さまも喜んでいるだろうし、次の稲作も豊作になるよう協力してくれるに違いない。

118

お供えセット。線香、ろうそく、花、カーオラーム、新米、聖水などをお寺に持っていく。供えた後は読経がある。

外側の殻を割り、1枚むいたカーオラーム。もち米についている薄皮は食べる。

甘いカーオラームはもち米、ココナツミルク、砂糖を入れて作る。

最初は強火で、その後弱火で40分ほど焼く。

119

เนื้อควาย

水牛の肉

北部／チェンマイ

水牛で村人の安全と健康を祈る

　タイ第二の都市、チェンマイは都会だけれども、昔からの風習や伝統がたくさん残っている。そのひとつが「プラペーニー・リヤン・ドン（ประเพณีเลี้ยงดง）」で、こんないわれがある。

　昔々、ドイステープ寺とドイカム寺がある山の麓にラミンナコンという町があり、ルア族が住んでいたという。農業や商売を生業にしていて、町も人も豊かだった。山にもいろいろな動物が住んでいたが、そこにはプーセー（セーじいさん）とヤーセー（セーばあさん）という鬼夫婦と子どもが住んでいた。鬼は森の動物を食料にしていたが、狩りに来た村人たちも捕まえてはよく食べていたという。そこで兵士を鬼退治に送るが、いつも全員食べられてしまい、結局、村人たちは恐れてどんどん町を去ってしまったという。

　そこでお釈迦さまに助けを求めることにする。すると、お釈迦さまは鬼に殺生が良くないことを説かれ、森を守ること、そして果物や野菜を食べることを約束させた。ただ、これまで肉を食べていたので、1年に1度でいいから人間の肉を供えてくれと鬼が懇願したので、村人は代わりに水牛の肉を供えることを約束。プーセー、ヤーセーはお礼に国や市民の安全、健康を守ることを約束し、その後チェンマイの守護神となる。

　この行事は今日でも続けられていて、毎年1回、ラーンナーの暦で9月14日（6月頃）にドイカム山の麓で水牛を供える儀式が行われている。儀式のハイライトでは、プーセー、ヤーセーが1人のシャーマンに降りてくる。敷地の祠でお祈りをすると、生贄にされた水牛の上に馬乗りになり、生血や酒をぐびぐび飲んだり、生肉をかじったりする。口も手も服も真っ赤で、あたりに生臭さが漂う。

　それが一通り終わると、大きな木に吊るされたお釈迦さまの絵の前にやってきてあいさつをする。絵が風で揺れ、まるでお釈迦さまがプーセー、ヤーセーに説法をしているようだ。どんどんプーセー、ヤーセーは穏やかになり、式は終了する。見学者は少しでもご利益を得ようと、シャーマンに群がり、頭を触ってもらったり、聖糸をもらったりと押し合いへし合いになるが、その手は乾いた血で赤黒い。でも、なんだか神のご加護をもらった気になるから不思議だ。

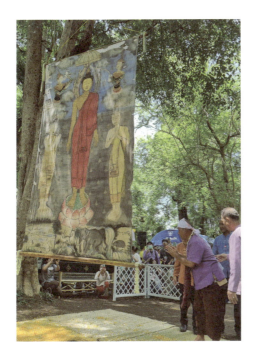

1924年に描かれたお釈迦様さまの絵は、1年に1度だけ出され、その降臨を知らせる。プーセー、ヤーセーがあいさつする。

水牛の上に座り、生血をすくって飲むプーセー、ヤーセー。首には生肉をぶら下げている。

プーセー、ヤーセーを含む12の土地の精霊にお供えをする村人。

祠へのお供えものは生肉、ひき肉、内臓など。

ดินสอพอง
ディンソーポーン 🛍
中部／ロップブリー

肌にひんや～り白い粉

「サワッディー・ピーマイ！(明けましておめでとう！)」
　そう言いながら白い粉を頬につけるのが習わしとなっているソンクラーン（タイ正月）。水をかけあうことで有名だが、水をかけながら、ディンソーポーンという白い粉を水で溶いたものをすれ違う人の頬や額につけていく。タイ正月がある4月は一年でいちばん暑い時期。これをつけるとひんやりするのだ。
　ディンソーポーンは泥灰土（マール）というもので、とても細かい粒子からなり、歯磨き粉や土壌改良、セメント、研磨剤、美容パックなどさまざまな用途に使われている。昔はこれを水で溶き、タイの香水と混ぜて顔に塗っていたという。暑い時期はひんやりさわやかで気持ち良かったそうだ。名産地は猿の街ともいわれるロップブリー県。立派なクメール遺跡が見どころだが、街にとにかく猿が多いので有名だ。そして市内からほど近いところでディンソーポーンを作っている。
　ディンソーポーンの生産者のひとりノーイさんも、普段からディンソーポーンを頬につけているという。ロップブリーの人にはいまだに顔につけて日焼け止めとして使ったり、ニキビやあせもにつけたりしている人がいるとか。乾いてくるとパリパリになり、ぎゅっと肌が引き締まる感じがして、脂分なども取ってくれるらしい。
　ノーイさんの敷地にはいくつかタンクがあり、そこでディンソーポーンを水と混ぜ、数日沈殿させてゴミなどを取り除く。触ってみると片栗粉を水で溶いたみたいにきめ細やかでやわらかく、ひんやり冷たくて気持ちいい。少しセメントのような匂いもする。その後、水けをきって、丸く形を整えて天日干しする。晴れていたら1日で完成だ。これは主に工業用だが、タイ正月や美容で使うものは、生クリームのように絞り出す。言われなかったら食べてしまいそうなぐらいおいしそう！　これは水で溶いてもいいし、ライム果汁と混ぜると泡が出てくるので、パックにしてもいいとか[※]。
　そしてロップブリー県の名産にもなったのがカイケム（塩卵／P.72）だ。ここではカイケムを作る際に名産のディンソーポーンを使っている。土で作るものと味は大きくは変わらないが、ロップブリー県のお土産として人気だ。

[※]ライム果汁は、その後太陽にあたると日焼けするので注意！

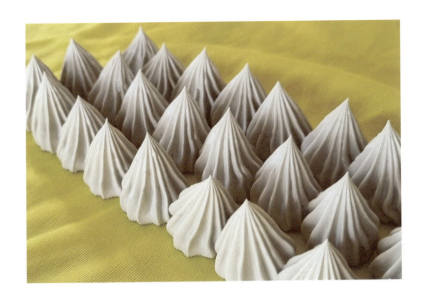

上・家庭づかいのもの
は、絞り袋で絞り出す。
お菓子みたいだ。／左・
生産者のノーイさん。
頬にディンソーポーン
をつけて。

スーパーや市場で売っている既製
品のディンソーポーン。

ロップブリーの
名産ディンソー
ポーンで作った
カイケム(塩卵)。

おわりに

「△△はどうやって作るんだろう？」、「○○県は□□がおいしいよ」、そんな疑問を持ったり、情報を聞いたりすると、私はいてもたってもいられなくなります。それは手工芸品のこともあるし、名所のこともありますが、特に食べもののことになると「いつ行こう!?」と興奮してしまいます。すぐに行けない時は、ネットや本でその食べものの由来や作り方、生産地を調べ、行く日のためにあたためておきます。

　最初は好奇心であちこちに行っていましたが、そのうちに「タイ人にタイの良さを伝えたい！」という気持ちが強くなってきました。25年以上タイに住んで生活スタイルの変化を見ていると、昔ながらの方法で作っているお菓子や食材、手工芸品などがいずれなくなってしまうのではないかと危機を感じたり、タイ人に自国の魅力をもっと知ってほしいと思ったりしたからです。タイにはこんな素晴らしい文化があるんだよ！ と。そして日本人にも、タイ料理はグリーンカレーやトムヤムクンだけではないし、バンコクやプーケット、チェンマイ以外にも面白い地域があるよ！ ということを伝えたくなりました。

そして、2年ほど前に「本にまとめよう」と決めてからは、イサーン、南部、中部、北部への旅がはじまりました。タイ各地に行けば行くほど、食文化だけでなく、手工芸品や名所、風習なども紹介したくなり、これは一生かけてやるプロジェクトだなと実感。今回は食文化にしぼりましたが、食だけでも書きたいことはまだまだあるし、名所や手工芸品も入れればはたして何冊になるんだろう!?　と気が遠くなります。それだけタイには素晴らしいものが残っているということなので、いずれ何かの形でまとめられたらと思っています。

　本書を出版するにあたり、私の思いをくみとり、1冊にまとめてくださった編集の西村さん、取材のためタイ各地を運転し、時には通訳もしてくれたモントリー、快く取材に協力してくださった方々、応援してくれた友達と家族、この本を手に取ってくださった方々に感謝を申し上げます。みなさまにお会いできたことを幸せに感じていますし、とても感謝しています。どうもありがとうございます！　コップンカー。

旅のヒントBOOK

新たな旅のきっかけがきっと見つかるトラベルガイドシリーズ　各A5判

最新版
スウェーデンへ
ストックホルムと小さな街散歩
定価1,870円（税込）

最新版
悠久の都ハノイへ
食と雑貨をめぐる旅
定価1,870円（税込）

オーストリア・ウィーンへ
芸術とカフェの街
定価1,760円（税込）

タイ・プーケットへ
遊んで、食べて、癒されて
定価1,650円（税込）

最新版
ニュージーランドへ
大自然と街をとことん遊びつくす
定価1,870円（税込）

フィンランドへ
デザインあふれる森の国 最新版
定価1,870円（税込）

きらめきの国ギリシャへ
太陽とエーゲ海に惹かれて
定価1,870円（税込）

ダナン＆ホイアンへ
癒しのビーチと古都散歩
定価1,650円（税込）

バスク旅へ
美食の街を訪ねてスペイン&フランス 最新版
定価1,980円（税込）

ハワイの島々へ
BEER HAWAI'I 極上クラフトビールの旅
定価1,760円（税込）

ナポリとアマルフィ海岸周辺へ
魅惑の絶景と美食旅
定価1,760円（税込）

古都台南＆ちょっと高雄へ
レトロな街で食べ歩き！ 最新版
定価1,760円（税込）

メルボルン&野生の島タスマニアへ
素敵でおいしい
定価1,980円（税込）

プロヴァンスへ
南フランスの休日 最新版
定価1,980円（税込）

南スペインへ
愛しのアンダルシアを旅して
定価1,870円（税込）

トルコ・イスタンブールへ
エキゾチックが素敵 最新版
定価1,760円（税込）

シチリアへ
太陽と海とグルメの島 最新版
定価1,870円（税込）

ハワイ島へ
ダイナミックな自然とレトロかわいい町
定価1,980円（税込）

オランダへ
かわいいに出会える旅 最新版
定価1,760円（税込）

心おどるバルセロナへ
最新版
定価1,760円（税込）

アイルランドへ
絶景とファンタジーの島
定価1,870円（税込）

ウラジオストクへ
ロシアに週末トリップ！海辺の街
定価1,650円（税込）

素顔のローマへ
甘くて、苦くて、深い 最新版
定価1,760円（税込）

クロアチアへ
アドリア海の素敵な街めぐり
定価1,760円（税込）

※定価はすべて税込価格です。（2024年9月現在）

ikaros.jp/hintbook/

旅のごはんBOOK　各B5変型判

美食の古都散歩
フランス・リヨンへ
定価1,760円（税込）

五感でたのしむ！
輝きの島
スリランカへ
定価1,760円（税込）

森とコーヒー薫る
街歩き
ノルウェーへ
定価1,760円（税込）

ボストンから、
ニューイングランド
地方の旬ごはん
定価1,870円（税込）

新しいチェコ・古いチェコ
愛しのプラハへ
最新版
定価1,760円（税込）

夢見る美しき古都
ハンガリー・
ブダペストへ
最新版
定価1,760円（税込）

緑あふれる自由都市
ポートランドへ
最新版
定価1,760円（税込）

うちで作れる
やさしい
トルコごはん
定価1,870円（税込）

ヨーロッパ最大の
自由都市
ベルリンへ
最新版
定価1,760円（税込）

彩りの街をめぐる旅
モロッコへ
最新版
定価1,870円（税込）

ゆったり流れる旅時間
ラオスへ
定価1,760円（税込）

ベトナムのまちごはん
バインミー
はさんでおいしいレシピ53
定価1,870円（税込）

グリーンシティで
癒しの休日
バンクーバーへ
定価1,760円（税込）

大自然とカラフルな街
アイスランドへ
最新版
定価1,760円（税込）

おとぎの国をめぐる旅
バルト三国へ
定価1,760円（税込）

しあわせ
ハワイごはん
ALOHAを味わう
ローカルレシピ64
定価1,870円（税込）

カラフルな
プラナカンの街
ペナン&マラッカへ
定価1,760円（税込）

キラキラかわいい街
バンコクへ
定価1,760円（税込）

NYの
クリエイティブ地区
ブルックリンへ
定価1,760円（税込）

ギリシャのごはん
増補新装版
うちで楽しむ、
とっておきレシピ74
定価1,870円（税込）

中世の街と
小さな村めぐり
ポーランドへ
最新版
定価1,760円（税込）

神秘の島に魅せられて
モン・サン・ミッシェルと
近郊の街へ
定価1,650円（税込）

北タイごはんと
古都あるき
チェンマイへ
定価1,760円（税込）

はじめての
アラブごはん
手軽に作れる
エキゾチックレシピ62
定価1,760円（税込）

岡本麻里　Mari Okamoto

学生の頃にバックパック旅行をはじめる。19歳の時に初めてタイを訪れ、タイ人のやさしさに魅了される。イギリスの大学を卒業後、1999年にチェンマイにタイ語を勉強しにきてそのまま移住。ホテルで勤務したり地元の日本語情報誌制作に携わったりする。現在は、タイの魅力を広く伝えるべくチェンマイとタイの情報を発信するかたわら、郊外でカカオ栽培もはじめる。著書に「タイの屋台図鑑」(情報センター出版局)、「今日からタイ語!【新版】」(白水社)、「北タイごはんと古都歩き チェンマイへ」(イカロス出版)、「タイに住んでみた![タイ語]」(The Writer's Secret) などがある。

🌐 kuidaore-thai.com
📷 sawadeemari
ｆ mariokamoto.cnx

文・写真：岡本麻里
デザイン：長尾純子
校正：坪井美穂
編集：西村 薫

タイ味紀行
あじ
知られざる"おいしい"を訪ねて

2024年 9月20日 初版第 1 刷発行

著者　　　岡本麻里
発行人　　山手章弘
発行所　　イカロス出版株式会社
　　　　　〒101-0051 東京都千代田区神田神保町 1-105
　　　　　contact@ikaros.jp (内容に関するお問合せ)
　　　　　sales@ikaros.co.jp (乱丁・落丁、書店・取次様からのお問合せ)

印刷・製本所　株式会社シナノ

乱丁・落丁はお取り替えいたします。
本書の無断転載・複写は、著作権上の例外を除き、著作権侵害となります。
定価はカバーに表示してあります。

©2024 MariOkamoto All rights reserved.
Printed in Japan　ISBN978-4-8022-1492-6